Herramientas estratégicas para la Pequeña y Mediana Empresa (Pyme).

El caso de las empresas de Quito, Ecuador.

Diego H. Álvarez Peralta

Leandro A. Viltard

ISBN-13: 978-1522872108
ISBN-10: 1522872108

B.S.LAB

BUSINESS SYSTEMS BOOK SERIES

The book series "Business Systems" publishes research and essays, coming from the scientific and consulting activity of the members of the nonprofit scientific organization Business Systems Laboratory (Italy) as well as from invited well-known scientists in the business systems field.

The book series aims to attract the cutting edge research at international level and to make it available for academics and practitioners.

The official languages of the Business Systems books series are: English, Spanish and Italian.

The main topics include, but not are limited to, the following areas of knowledge: *Systems Theory; Systemic Approach for Business; Complex Systems Theory; Managerial Cybernetics; Economic and Social Systems; Business Communication Systems; Innovation Systems; Action Research; Financial Systems; Service Science; Sustainability; Corporate Social Responsibility; Knowledge Management; Supply Chain Management; Strategic Management; Consumer Behavior; Marketing; Corporate Finance; Banking; e-Business; e-Learning; Business Process Management.*

The book proposals are evaluated by the Scientific Board on the basis of **double blind peer review**.

SCIENTIFIC BOARD

Scientific Directors:
Gandolfo Dominici – Univ. of Palermo (Italy)
Arturo Capasso – Univ. of Sannio (Italy)
Mauro Sciarelli - Univ. "Federico II" of Naples (Italy)

Board members:
- Dimitris Antoniadis – Univ. of West London (UK)
- Gianpaolo Basile – President B.S.Lab- Univ. di Salerno
- Arturo Capasso – Univ. of Sannio (Italy)
- Gerhard Chroust, - J. Kepler University Linz (Austria)
- Raul Espejo - World Organization of Systems and Cybernetics (UK)
- Marco Galvagno – Univ. di Catania (Italy)
- José Rodolfo Hernández-Carrión - Univ. of Valencia (Spain)
- Ignacio Martinez de Lejarza - Univ. of Valencia (Spain)
- Arabella Mocciaro Li Destri – Univ. of Palermo (Italy)
- Luca Pazzi – Univ. Modena and Reggio Emilia (Italy)
- Vincenzo Pisano – Univ. di Catania (Italy)
- Enzo Scannella – Univ. of Palermo (Italy)
- Giancarlo Scozzese - Univ. per Stranieri of Perugia (Italy)
- Maurice Yolles - Centre for the Creation of Coherent Change & Knowledge (C4K) (UK)

CONTENIDO

RESUMEN

El análisis estratégico no se encuentra –solamente- ligado a la gran empresa. Contar con herramientas flexibles y sencillas -que permitan comprender los mercados y establecer ventajas competitivas- se ha constituido en una de las tareas fundamentales de los líderes de nuestro tiempo.

Por tal motivo, el propósito de este trabajo se refirió a evaluar la aplicabilidad y utilización de Herramientas de Análisis Estratégico (HAE) sencillas para todo tipo de empresas y –en especial- para las Pyme de Quito, Ecuador.

Como conclusión, se recalca que su aplicación ayudaría –a las Pyme de Quito, Ecuador y a todo tipo de empresas- en la tarea de formular opciones estratégicas que les permita alcanzar una posición competitiva mucho más sólida y sustentable en el tiempo.

ABSTRACT

Strategic analysis is not only linked to big businesses. Having flexible and simple tools which allow the understanding of markets and establish competitive advantages has become one of the fundamental tasks of the leaders of our time.

Therefore, the purpose of this work related to evaluate the applicability and use of simple Strategic Analysis Tools (SAT) for all types of businesses and especially for Small and Medium Enterprises (SMEs) -in Quito, Ecuador.

In conclusion, it is emphasized that their application would help SMEs of Quito, Ecuador and all kinds of enterprises in formulating strategic options that allow them to achieve a much more solid and sustainable competitive position over time.

Palabras clave: Análisis estratégico – Competitividad – Evaluación del contexto -Formulación - Herramientas – Valor.

METODOLOGÍA Y DISEÑO

El estudio ha sido exploratorio descriptivo, con metodología cualitativa y diseño no experimental (dentro de este tipo de diseños, transversal ya que la información fue recolectada en un período dado de tiempo).

Se ha recurrido a fuentes secundarias (académicas y artículos de actualidad), sin excluir la experiencia recogida en la experiencia profesional de los autores. La información recopilada ha permitido sustentar el Marco Teórico planteado a los efectos de profundizar la temática estudiada.

Se presenta un trabajo de campo (Marco Investigativo) en el que se ha recurrido a tres técnicas de recolección de datos (respondiendo a una triangulación metodológica) a los efectos de brindar mayor garantía de los resultados expuestos. La unidad de análisis ha sido —fundamentalmente- las Pymes de Quito, Ecuador.

Con el estudio realizado se ha pretendido profundizar en el conocimiento de este tema y proponer un nuevo ámbito de entendimiento de las problemáticas subyacentes.

El marco espacial de este estudio ha sido Quito, Ecuador y Buenos Aires, Argentina y el temporal, Enero 2013- Diciembre 2014.

ALCANCE: LIMITACIONES/CLARIFICACIONES

• Se ha utilizado información secundaria importante de autores internacionales, aunque resultaría impropio aseverar que toda la información relevante ha sido incluida por la amplitud de la temática abordada. La bibliografía ha sido complementada con las experiencias de los investigadores.

• Por contar con contenido altamente social, la presente investigación ha sido de carácter complejo y multidimensional, por lo que se propone un planteo en modo abierto y con tono de discusión profesional.

• Las técnicas de campo utilizadas se han juzgado pertinentes a los efectos de concluir al respecto del objeto de estudio. De cualquier modo y a los efectos de complementarlas, han sido citados ejemplos de empresas que surgen de distintos autores y publicaciones.

• A pesar de haberse concentrado el estudio en las empresas Pyme de Quito, Ecuador es muy posible que muchos de sus resultados puedan ser extrapolados a otras latitudes.

• Las conclusiones y opiniones vertidas se han basado en la información analizada. Por ser un estudio cualitativo, no podrán generalizarse los hallazgos, aunque la pretensión se enfocó en aportar al proceso de toma de decisiones.

Se deja expresa constancia que las limitaciones y clarificaciones mencionadas no han constituido un impedimento a los efectos de presentar un estudio razonable y profundo sobre el fenómeno estudiado, por lo que se ha podido cumplir con la hipótesis y los objetivos propuestos.

HALLAZGOS

A continuación, se presentan las principales conclusiones a las que se arribaron en el presente trabajo:

• Las herramientas propuestas facilitan el delineamiento de opciones estratégicas. Su riqueza -en el aporte de nuevas perspectivas- permitió validar las variables y supuestos utilizados, y reconocer los beneficios y sacrificios implícitos de cada alternativa.

• Fundamentalmente, se han analizado empresas Pymes en Quito, Ecuador, determinándose que utilizaban -escasamente o en forma limitada- este tipo de herramientas.

• Entre los factores que incidían en la escasa utilización de estas herramientas —por parte de los directivos de las Pyme- resulta posible destacar:

    o La excesiva confianza en la intuición.

    o El escaso nivel de escolaridad.

    o La actitud ultra conservadora en cuanto a guardar reserva sobre decisiones de relevancia en la empresa.

• En la etapa de formulación de la estrategia, no resulta suficiente la aplicación integral de las Herramientas de Análisis Estratégico (HAE) ya que deviene necesaria la utilización de herramientas auxiliares como el análisis de escenarios y la aplicación de muchos fundamentos de Finanzas.

• A pesar que una de las intenciones implícitas en la aplicación de las HAE correspondió a medir su posición competitiva en relación con sus pares, las Pymes de Quito, Ecuador se limitaban a averiguar ciertas acciones aisladas -que eran ejecutadas por la competencia- tales como la ejecución de promociones o cambios organizacionales, aunque no se ha observado que recurrieran a análisis más sistemáticos e integrales.

ORIGINALIDAD Y VALOR

Pareciera que las HAE no pertenecían a todo tipo de organizaciones y que solo algunas podían acceder a este tipo de análisis, aunque -en este trabajo- se propone un modo simple en que las empresas, independientemente de su tamaño y sector industrial al que pertenezcan, pueden ayudar al desarrollo de posiciones competitivas con bases mucho más sólidas y perdurables en el tiempo.

CAPÍTULO 1
INTRODUCCIÓN

Los países emergentes proponían tasas de crecimiento que –aún– resultaban interesantes al compararlas con las del mundo desarrollado y –por otro lado- las crisis recurrentes en todo el planeta hacían que se hubiera incursionado en una etapa de gran volatilidad en los negocios. Como resultado, distintos países y regiones habían verificado vaivenes en un mundo pleno de altibajos

Especialmente en Ecuador y desde inicios del 2000, la implementación de la dolarización ha traído una gran ventaja para la creación y expansión de pequeños y medianos negocios. Casualmente, Arízaga (2006) ilustra al respecto de la estabilidad y confianza que generaba este sistema dentro del ámbito económico y –en especial- en las empresas.

Si bien varios líderes de opinión destacaban algunas desventajas -como la pérdida de competitividad, altos índices de inflación y elevadas tasas de interés- para otros, el beneficio de mantenerla ha superado con creces las desventajas que parecieran observarse en algunos sectores.

Especialmente, esto se evidenciaba en sectores donde -contar con una moneda robusta- hacía atractiva la inversión a largo plazo, tales los casos de la construcción y la comunicación, que han aprovechado dicha ventaja. Zabala (2012) -en su análisis realizado para la revista especializada Ekos- destacaba que –en el período 2011/2012- las Pymes ecuatorianas, pertenecientes al sector de la construcción, habían crecido un 21.6%, mientras que las de la comunicación un 12.5%. Estas cifras mostraron un crecimiento muy superior al de toda la economía del país en el 2012 (5.1%), señalado en los Boletines informativos del Banco Central del Ecuador (2013). En el análisis, el autor -también- destacaba que son estos mismos sectores los que mostraban –en el año 2011- mayor rentabilidad dentro de las Pymes. En cada uno de los casos mencionados, el índice de rentabilidad sobre ventas fue del 17.2% y 9.4%, respectivamente.

En manera similar, Quiñonez (2012) resaltó la importancia del aporte de las Pymes en Ecuador, afirmando que representaban el 95% de las unidades productivas en el país. Adicionalmente, señaló que la competitividad y la gestión estratégica resultaban elementos claves para la continuidad de este tipo de empresas.

Es por ello que -a pesar que el estado del arte reconocía el uso de las herramientas de análisis estratégico como un componente vital, tanto para la formulación de la estrategia como para fortalecer la competitividad- se observaba -a través de nuestra experiencia en trabajos de consultoría- que muchas Pymes no las utilizaban, aunque la naturaleza e importancia de ciertas decisiones claves debieran haber forzado su utilización.

Al parecer, las Pymes Ecuatorianas estaban influidas por algunos factores culturales e idiosincráticos que desfavorecían la utilización de dichas herramientas, necesarias para la mejora de su posición competitiva. Entre ellos, se puede mencionar el enfoque del empresario en el corto plazo, el énfasis y la priorización en reducir constantemente los costos, como –también- una cierta preferencia a contratar mano de obra no calificada y destinar un bajo presupuesto al entrenamiento.

De acuerdo con un estudio de competitividad realizado por la firma consultora Deloitte, su autor Ávila (2008), señaló que el empresario Ecuatoriano consideraba la disminución en costos de producción y mano de obra entre sus principales fuentes de ventaja competitiva. La creencia generalizada que el consumidor privilegiaría aquel producto o servicio de menor costo podía reducir la visión del empresario en la búsqueda de otras alternativas viables como -por ejemplo- lograr diferenciación en sus productos. De este modo, Porter (2011) indicó que esta alternativa devenía sumamente aplicable en industrias de intensa rivalidad, donde se compite en base a atributos similares. Por tanto, esta circunstancia podría constituirse en un desaprovechamiento de oportunidades, considerando que el ingreso per-cápita en dólares de los Ecuatorianos ha mostrado un marcado crecimiento en la última década, según los indicadores publicados en los boletines del Banco Central del Ecuador (2013).

Otro factor que no puede dejar de mencionarse se refiere a que los directivos basaban sus decisiones en función del resultado positivo que pudieran tener las empresas de la competencia. Así, por ejemplo, se ha observado que la decisión de adquirir sistemas de información -que pueden mejorar el monitoreo y la retroalimentación sobre decisiones gerenciales- se fundamentaba en la creación de ventajas competitivas que experimentaron sus pares. Sin embargo y como se describe más adelante en el Marco Teórico[1], la adopción de ciertas acciones o actividades realizadas por la competencia no implicaba –necesariamente- que se dotara de ventajas competitivas adicionales a la empresa y -peor aún- que éstas fueran sustentables.

Además, se pueden mencionar -como casos de decisiones de importancia clave- la ampliación de la capacidad de planta, el lanzamiento de campañas publicitarias de imagen y las fusiones/adquisiciones de negocios, entre otras, donde el uso de HAE ha sido prácticamente obviado. Al respecto, Arosemena (2009) señalaba -entre las debilidades de la gerencia Ecuatoriana- la falta de definición de iniciativas estratégicas y su confusión

---

[1] En el Capítulo II -El mapeo del sistema de actividades- se describe este concepto al adquirir ventajas competitivas basadas en la forma e interacción de actividades mas no en actividades individuales que eventualmente podría ejecutar un competidor.

con las tácticas. Seguramente, en los casos citados, el criterio personal o la intuición han primado al momento de tomarlas.

Aunque no solo estos temas resultan suficientes. De acuerdo con el estudio denominado *Monitoreo del emprendimiento global capítulo Ecuador*, dirigido por Lasio (2013), existían –también- factores culturales que afectaban el desarrollo de determinados emprendimientos. Entre ellos, la autora destacó la alta aversión al riesgo y la preferencia por el statu quo como factores que atentaban contra el desarrollo de la creatividad a nivel empresarial. Indicó que existían factores estructurales - tales como la falta de apoyo financiero- puesto que los emprendedores y las Pymes enfrentaban un sinnúmero de requisitos y garantías que se les solicitaban; la carencia o dificultad en la transferencia de conocimiento de la investigación y desarrollo de las universidades a las empresas; y –finalmente- el ineficiente sistema legal de protección a la propiedad intelectual. Así también y en relación con las condiciones del entorno, el estudio reveló que los empresarios percibían que existían oportunidades de emprendimiento, aunque los expertos que habían consultado sugirieron la falta de capacidad para aprovecharlas. De esta manera, se concluyó que no existía personal calificado para dirigir empresas con alto potencial de crecimiento.

De acuerdo con lo analizado, se observó que -si bien las empresas contaban con un concepto elaborado en relación a su misión y visión, cuyos enunciados se exhibían en los lugares más visibles de las organizaciones y en sus páginas web- la utilización sistemática de las HAE -por parte de su equipo gerencial- no resultaba generalmente visible dentro de la misma, lo cual podía tener incidencia en su competitividad.

Asimismo y tal lo referido previamente, la efectiva toma de decisiones estratégicas en las empresas Pyme que -como se ha señalado precedentemente representaban el 95% de las empresas del país- resultaba de suma importancia por sus implicancias para la economía de Ecuador. Tal es así que -contar con herramientas y metodologías que permitieran evaluar la posición competitiva de estas empresas y soportaran sus decisiones estratégicas- se volvía vital a los efectos de su supervivencia y el crecimiento a nivel país.

Según otra investigación -realizada por McDougall (1997)- las estrategias utilizadas por las grandes empresas y las Pymes contaban con muchas similitudes ya que ambos grupos enfrentaban los mismos factores –como influyentes para el desarrollo de la estrategia- tales como: los cambios tecnológicos, la eficiencia en la utilización de los insumos y las prácticas gerenciales.

Por otro lado, las grandes corporaciones locales o las compañías multinacionales -a través de sus Casas Matrices (CM)- utilizaban firmas consultoras especializadas en decisiones estratégicas. En las CM se podía observar que -muy frecuentemente- utilizaban los servicios de firmas grandes o –también- estructuraban departamentos de consultoría interna con el fin de realizar este tipo de análisis. Alternativamente, estas empresas solían contratar consultores y especialistas independientes (McKeough, 2013).

Considerando que las técnicas disponibles incluían un diferente nivel de complejidad, debería esperarse que las Pymes utilizaran algunas más simples y no menos efectivas, ya que involucraban un menor compromiso de recursos y prescindían –además- de la contratación de firmas o consultores independientes. La falta de utilización de técnicas adecuadas con el propósito de evaluar su posición competitiva y tomar decisiones estratégicas, las ponía en gran desventaja frente a aquellas que las empleaban.

A su vez y considerando que -usualmente este tipo de decisiones involucraban montos de inversión que podían resultar significativos y que contaban con implicancias en el largo plazo- la inefectividad del análisis o la ausencia del mismo podrían tener impacto en la proyección de estas empresas o en su propia supervivencia.

Por ende y a los efectos de guiar la presente investigación, se han planteado las siguientes preguntas:

• ¿Cuál era el estado del arte de las herramientas de análisis estratégico aplicable a las Pymes?

• ¿Podría sugerirse un orden en la aplicación de estas herramientas para las Pymes? Si existiera, ¿Cuál sería el orden sugerido a efectos de aplicarlas?

• ¿Existía un sistema de indicadores que permitiera evaluar la posición competitiva en las Pymes?

• ¿Permitía mejorar el desempeño de una Pyme en Ecuador la utilización de herramientas de análisis estratégico?

Como consecuencia de tales interrogantes, la hipótesis de la que se ha partido en el presente trabajo se refiere a que, en el proceso de toma de decisiones, las Pyme de Quito-Ecuador no utilizaban –formalmente—¬ herramientas de análisis estratégico, por lo que se les dificultaba, no solo la articulación del contexto en el que actuaban con los elementos internos de la empresa, sino –también- el establecimiento de una posición competitiva sólida y sustentable en el tiempo.

El propósito de la presente investigación se dirigió a profundizar y poner a disposición herramientas de análisis que facilitaran -a las Pymes de Quito, Ecuador- la elaboración y puesta en práctica de formulaciones estratégicas que mejoraran el impacto en la competitividad de las mismas y su desempeño presente y futuro.

Los objetivos específicos abarcaron lo siguiente:

• Profundizar en el estado del arte y en las técnicas relevantes utilizadas para la formulación de la estrategia y decisiones relacionadas, así como analizar su aplicabilidad para el caso de las Pyme de Quito, Ecuador.

- Analizar, a partir de datos del campo, las herramientas más comunes y la utilidad de las mismas para este tipo de empresas.
- Proponer herramientas que facilitaran -a las empresas Pymes de Quito, Ecuador- la formulación de opciones estratégicas y la evaluación de su posición competitiva.

A los efectos de facilitar la lectura de la presente investigación, a continuación se ofrece el lineamiento general de su contenido, mediante el siguiente diagrama conceptual:

Diagrama 1: Lineamientos generales del trabajo

Asimismo, el contenido del presente trabajo se ha organizado en diferentes capítulos, que son visualizados en el siguiente cuadro:

Cuadro 1: Contenido general del trabajo

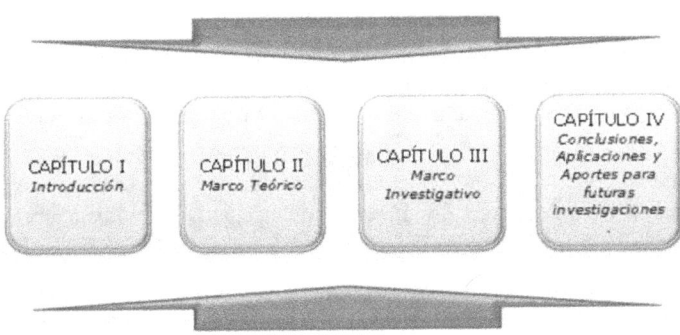

A efectos de facilitar la exposición, los capítulos mencionados muestran una secuencia argumental con diversos análisis, perspectivas y propuestas. A modo seguido, se plantea un resumen de su contenido:

1 - **Introducción**: Describe los objetivos e hipótesis del trabajo, su finalidad, las motivaciones y problemáticas que indujeron a realizar este estudio.

2 - **Marco Teórico**: Presenta un estudio de las HAE recomendadas por especialistas y académicos en la materia bajo un enfoque de dirección, el que parte del análisis del ambiente externo y –posteriormente- del ambiente interno. Asimismo y en concordancia con los objetivos de la investigación, se realiza un balance de las ventajas y desventajas de la utilización de cada herramienta.

3 - **Marco Investigativo**: El trabajo empírico se ha basado en una triangulación de técnicas de recolección de datos de campo a efectos de garantizar –en mayor medida- los resultados del presente trabajo.
Por un lado, se ha realizado una encuesta a empresas Pymes localizadas en la capital del Ecuador (Quito), pretendiéndose determinar el conocimiento existente al respecto de las HAE y las más frecuentemente utilizadas, así como el orden en que se empleaban. En caso que hubiesen sido utilizadas, se ha preguntado sobre su contribución directa en la mejora en el desempeño y en la adquisición de ventajas competitivas. Finalmente, se evaluaron las mejoras en desempeño y competencias implementadas por las empresas.
Por el otro y a efectos de completar el marco de análisis propuesto, se han

entrevistado informantes-clave y se ha realizado el análisis del caso de la empresa Indulentes, de Quito, Ecuador.

4 - Conclusiones finales, Aplicaciones y Aportes para futuras investigaciones: Al final de cada capítulo se incluyen las principales conclusiones de los temas tratados. En este capítulo y a partir de los objetivos e hipótesis, se interrelacionan las conclusiones más relevantes que surgieron en el Marco Teórico e Investigativo.

Bibliografía: Se presentan las fuentes de información bibliográfica en las que está basado el presente trabajo.

Anexos: A los efectos de ampliar la información expuesta, se muestran distintos anexos complementarios.

Para concluir, se plantea que las Pymes eran organizaciones con características comunes a nivel global, las cuales no mostraban excepciones para el caso Ecuatoriano.

La falta de acceso a determinados recursos como el financiero, el temor colectivo a mostrar propuestas diferentes por su alta aversión al riesgo, el escaso nivel de escolaridad y el enfoque obsesivo en el corto plazo, entre otros, representaban factores que limitaban la utilización de HAE apropiadas que podrían mejorar la posición competitiva y aprovechar el momento en que las oportunidades se presentaban, no solo en las Pymes, en general, sino en las de Quito, Ecuador, en particular.

En el siguiente capítulo, Marco Teórico, se plantea el estado del arte al respecto del tema bajo investigación.

CAPÍTULO 2
MARCO TEÓRICO

En este capítulo son analizadas algunas herramientas de análisis estratégico que pueden ser aplicables en las Pequeñas y Medianas Empresas (Pymes). El enfoque ha sido en la fase inicial del ciclo de un sistema gerencial entendido como "desarrollo de la estrategia", tal lo planteado por Kaplan y Norton (2008), y –particularmente- en la conducción de análisis estratégico y la formulación de la estrategia.

Considerando los objetivos específicos de la presente investigación, es planteado un balance de las contribuciones y limitaciones de cada herramienta en función a su capacidad para diagnosticar la posición competitiva de las Pymes y -mediante sus análisis- facilitar la generación de opciones estratégicas que permitan la creación de ventajas competitivas sustentables y -sobre todo- generar valor y facilitar su apropiación. Más específicamente, cada herramienta será enfocada teniendo en cuenta lo siguiente:

- Su descripción.
- Metodología que emplea.
- Aplicaciones y contribuciones que realiza.
- Sus aplicaciones en las Pymes.
- Ventajas, desventajas y limitaciones que plantea.

En este capítulo, las herramientas descritas se han referido a aquellas sugeridas por el estado del arte como las más útiles a los efectos de facilitar la creación de estrategia, evaluar el ambiente interno y su congruencia con el ambiente externo, así como para manejar –apropiadamente- un portafolio de productos.

A continuación se enumeran y describen –brevemente- las herramientas seleccionadas y su aplicación en las Pymes, ordenándolas por su enfoque, tanto interno como externo a la empresa:

Cuadro 2: Herramientas enfocadas en el ambiente externo.

Herramienta #	Herramienta	Aplicación
1	Cinco fuerzas de Porter	Evaluar la intensidad de las fuerzas de la industria y su impacto sobre la firma, así como facilitar la adopción de estrategias genéricas.
2	Análisis PEST	Reconocer factores externos, tomar medidas de protección de riesgos o identificar cambios en las tendencias del consumidor
3	Análisis FODA	Identificar las fortalezas de la organización para aprovechar las oportunidades, mitigando las debilidades y amenazas.

Cuadro 3: Herramientas enfocadas en el ambiente interno.

Herramienta #	Herramienta	Aplicación
4	Matriz BCG	Evaluar la conformación actual y objetivo de las líneas de productos en función a su capacidad de generar flujo de efectivo.
5	Matriz de Ansoff	Definir objetivos de marketing por producto y segmento.
6	Análisis de la cadena de valor	Fortalecer y/o reconfigurar la cadena y sus vínculos para mejorar la posición competitiva.
7	Mapeo del sistema de actividades	Evaluar el encaje y fortalecimiento entre las actividades de la firma y sus vínculos con el fin de determinar la existencia o ausencia de congruencia y optimización en su sistema.

2.1. Herramientas enfocadas en el ambiente externo.

2.1.1 Las cinco fuerzas de Porter.

Esta herramienta explica los factores fundamentales que hacen a la rentabilidad en una industria, por lo que deviene importante no solamente tomar conciencia de los factores que influyen –predominantemente- en su rentabilidad, sino –además- analizar la capacidad y habilidad de la firma para reaccionar ante estos factores o influir en ellos.

En este sentido, Porter (1990) propone las siguientes cinco fuerzas competitivas:

- El poder de negociación de los proveedores.
- El poder de negociación de los clientes.
- La amenaza de productos sustitutos, por su influencia en el precio a cobrar.
- La amenaza de nuevos competidores, por cuanto limitan el potencial de rentabilidad de la industria. Dicha amenaza depende de barreras de entrada tales como la lealtad a la marca, las economías de escala o la necesidad de influir en o modificar los canales de distribución.
- La rivalidad entre los competidores actuales, lo que repercute en costos más altos a los fines de continuar compitiendo, tales como la publicidad, los gastos de venta e investigación, entre otros.

En el siguiente gráfico se muestran estas fuerzas:

Gráfico 1: Las cinco fuerzas de Porter.

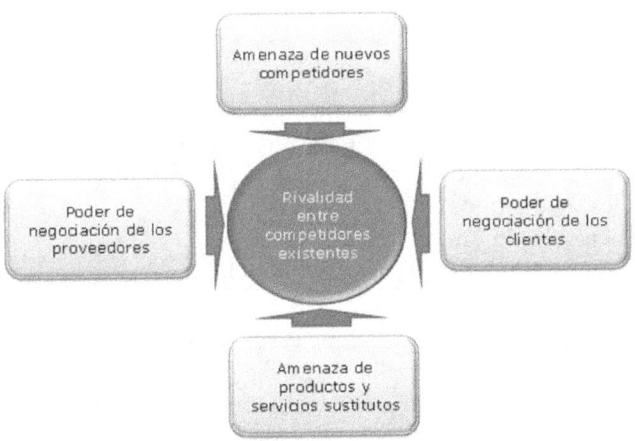

Fuente: Elaboración en base a Porter (2011)

Descripción de la herramienta.

El análisis de la industria representa el paso inicial necesario a los fines de comprender el mercado, permitiendo —luego- identificar un posicionamiento estratégico y determinar el potencial de ventajas competitivas.

A los efectos de facilitar la evaluación de la intensidad de cada factor, se hace imprescindible ahondar en las variables contenidas en cada uno de ellos. De este modo, Porter (1985) mencionaba algunas de las variables que están incluidas en el poder de negociación de los proveedores y clientes, como en la rivalidad entre competidores, a saber:

Poder de negociación de los proveedores:
- Número de proveedores importantes.
- Disponibilidad de materias primas de productos sustitutos.
- Amenaza de integración de proveedores y sus clientes.
- Costo agregado por los proveedores.
- Rentabilidad del proveedor.

Poder de negociación de los clientes:
- Número de clientes importantes.
- Disponibilidad de productos sustitutos en la industria.
- Sensibilidad ante la variación en precios.
- Amenaza de integración de los clientes y -de ellos- con distribuidores.
- Contribución a la calidad del producto ofrecido por el distribuidor.
- Importancia de la estructura de costos del producto del cliente en la industria.
- Rentabilidad del Cliente.

Rivalidad entre competidores:
- Concentración y equilibrio entre competidores.
- Crecimiento de la industria.
- Nivel de Costos Fijos.
- Diferenciación de productos.
- Costos de cambios del proveedor (Switching Costs).

Asimismo, el autor indicaba que -a los efectos de seleccionar una estrategia competitiva- resultaban esenciales tanto la estructura del sector como el posicionamiento que una empresa contaba dentro del mismo.

Si los factores se conjugaban positivamente, la firma tendría un alto potencial de rentabilidad que Porter denominó "nivel de atracción". Sin embargo, en aquellas industrias donde la intensidad de los factores aumentaba, el logro de rentabilidad se volvería una tarea compleja para los directivos de la firma.

Este modelo explicaba la rentabilidad de una unidad de negocios y su fortaleza radicaba en la incidencia directa que se podía tener sobre las variables que influían en dicha rentabilidad, tales como: los precios, los costos y las inversiones que debían realizarse.

De esta manera y al respecto de la variable precios, los factores que lo afectaban estaban en el poder de negociación de los clientes, la presencia de sustitutos y la rivalidad entre competidores. A mayor poder de negociación de los clientes, mayor sería su participación en el valor creado por la firma, dándole acceso tan solo a rendimientos modestos.

Similarmente, la presencia de sustitutos –además- influiría en el nivel de precios ya que se relaciona con la voluntad de pago de los clientes; así, la rentabilidad –también- se vería afectada.

La rivalidad entre competidores y la capacidad para crear barreras de entrada de nuevos jugadores representaban otras variables de importancia. Mientras más altas fueran estas barreras, mayor sería el poder de los actuales proveedores con el fin de regular la oferta y -por ende- afectar los precios de los bienes.

A pesar de considerar el poder de estas fuerzas como determinantes en la rentabilidad de una firma, sostenía que las firmas exitosas se distinguían de las restantes por no limitarse a responder al ambiente, sino que intentaban influenciarlo a los fines que jugara a favor de sus intereses.

Al abordar el análisis de la industria, indicó que comprende – básicamente- su identificación y –asimismo- la descripción del mercado. Para facilitar esta tarea, Porter (2011) ha sugerido evitar algunos errores de percepción tales como asumir que las industrias de rápido crecimiento eran siempre atractivas.

Adicionalmente, recomendaba evitar algunos errores que eran muy comunes al momento de utilizar la herramienta, entre los cuales se destacaban:

1. Definir la industria muy amplia o muy estrechamente.
2. Prestar igual atención a todas las fuerzas, en vez de profundizar en las más importantes.
3. Utilizar análisis estáticos que ignoren las tendencias de la industria.
4. Confundir cambios cíclicos con estructurales.

Complementando lo anterior y con el fin de definir adecuadamente la industria, Hax (1991) sugirió hacerlo desde el punto de vista del cliente o de la demanda, considerando –prioritariamente- las firmas cuyos productos realicen la misma función.

Metodología de la herramienta.

Con la finalidad de no reducir el análisis a una simple enumeración de factores de influencia, algunos autores han propuesto metodologías destinadas a aumentar la utilidad de esta herramienta. Bowman (1990) exhortó a utilizarla para evaluar si la firma puede capturar y retener el valor que ha creado para los clientes o si este valor se perdió en el esfuerzo de crear barreras de entrada. Describió cómo influía la intensidad de cada una de las cinco fuerzas y cómo se direccionaba la creación de valor en función de ellas:

1.   La competencia nueva anulaba el valor y lo transfería a los clientes a través de la reducción en precios.

2.   Los clientes con mayor poder de negociación retenían para sí el valor creado.

3.   Los productos sustitutos ponían un techo al precio al que el cliente está dispuesto a pagar.

4.   Los proveedores con gran poder de negociación podían apropiarse del valor creado para los clientes.

5.   La intensidad de la rivalidad podía ocasionar reducciones o guerra de precios. Adicionalmente, la creación de barreras de entrada podía requerir mayor inversión en el producto o elevar sus costos.

Además, sostuvo que -en la industria- solo una o dos fuerzas son generalmente críticas. Por tanto, las firmas necesitaban considerarlas con el fin de posicionarse favorablemente frente a sus rivales.

Aplicaciones y contribuciones de la herramienta.

Porter (1985) señaló que el análisis de la industria permitía esbozar estrategias genéricas (liderazgo en costos, diferenciación y segmentación o enfoque en un nicho) y que la adopción de un posicionamiento, ya fuera en costos o en diferenciación, representaba una fuente primaria de ventajas competitivas por cuanto se traducían en una productividad más alta en relación a sus competidores.

Ahondando en su propuesta, se describen –a continuación- algunas de sus reflexiones:

- En ciertas industrias podían existir líderes absolutos en costos, quienes –usualmente- serían los más rentables. Sin embargo, dado que -en algunas- el nivel de rivalidad podía ser muy intenso, las consecuencias podían ser desastrosas, tanto para la rentabilidad individual como para toda ella. Aún cuando una firma no sea el líder absoluto, el estar en el primer cuartil, le conferiría -casi siempre- una buena rentabilidad.

- En la estrategia de diferenciación, la firma escogía uno o varios atributos con el fin de adoptar un posicionamiento específico, el cual debía permitirle comandar un precio mayor gracias a contar con dicha singularidad.

- Porter (2011) recomendaba la estrategia de diferenciación especialmente en aquellas industrias donde el nivel de rivalidad era intenso y competían con productos basados en atributos similares. Podía aplicarse en aspectos como tiempos de entrega y mejora en la imagen de la marca. Señalaba que -de no hacerlo- el alto nivel de rivalidad y la competencia sobre los mismos atributos generaría una competencia de suma cero, entendida como que la ganancia de una firma equivalía a la pérdida de otra.

- En la estrategia de segmentación o enfoque, la empresa escogía un grupo de clientes -dentro del sector industrial- y formulaba su estrategia, excluyendo a los restantes. Aclaró que se asumía que este enfoque resultaba ventajoso porque la competencia no se encontraba atendiendo —adecuadamente- las necesidades específicas de dichos segmentos y -por lo tanto- posicionaba su ventaja competitiva brindándoles su dedicación exclusiva.

- Aquellas unidades de negocio que no propusieran una estrategia genérica clara corrían el riesgo de quedar atrapadas en el medio.

- Algunas firmas que lograban realizar innovaciones tecnológicas incrementales, podían tener buen desempeño, tanto en su negocio central como en los adyacentes que se propusiera. El riesgo de los productos de innovación era que los rivales los limitara o igualara.

Además de facilitar la adopción de estrategias genéricas, Porter (2011) sugirió que la herramienta ofrece las siguientes opciones de acción estratégica:

- El posicionamiento de la empresa podía ser visto como la construcción de barreras de entrada o incursionar en una posición en la industria donde las fuerzas fueran las más débiles.

- La explotación de los cambios en la industria, los que podían verse reflejados en la aparición de nuevas posiciones competitivas.

- Reconfiguración de la industria, cuando se encontraran nuevas formas de liderar una firma, dirigiéndola hacia nuevas formas de competición que alteraran la estructura del sector. Señaló que el innovador era quien mayormente se beneficiaba del proceso, en la medida en que pudiera cambiar la competencia en direcciones donde mostrara excelencia.

- El reconocimiento de los principales factores que influían en la rentabilidad de la firma y su congruencia o compatibilidad con los recursos internos representaban una fuente de competitividad.

Aplicación de la herramienta en Pymes.

Boian (2007) reconoció que -usualmente en las Pymes- las fuerzas que actuaban negativamente sobre su posición competitiva provenían de un alto poder de negociación de los proveedores. Por otro lado, destacó que -según el sector- otra de las fuerzas importantes estaba representada por la amenaza que aparecieran productos sustitutos, lo que brindaba poco margen de maniobra si se consideraba que la inversión en modernización de la producción era usualmente baja.

Adicionalmente, señaló que estas empresas eran más vulnerables ante la aparición de nuevos competidores, sobre todo, si éstos eran rivales de gran escala. Sin embargo, abrió alternativamente la posibilidad que se apoyaran en las empresas grandes a los fines de lograr economías de aprendizaje. Estar inmersas en ambientes colaborativos más desafiantes las podía llevar a mejorar sus procedimientos y procesos estándar, situación que podía garantizar su supervivencia.

A los fines de aplicar esta herramienta propuso un abordaje aritmético basado en una metodología sencilla en la que se detallan factores y sub-factores relacionados con cada fuerza competitiva del modelo de Porter.

Como parte inicial del proceso, sugirió asignar un valor de ponderación a cada fuerza competitiva, el que correspondía al respectivo peso relativo. Posteriormente y a los efectos de calificar la presión que ejercía sobre la posición competitiva, a cada sub-factor (coeficiente) se le asignaba un valor en un rango de uno a cuatro. Si la presión era favorable tendría signo positivo, caso contrario sería negativo.

Los factores apuntados y su relación con las cinco fuerzas se observan en el siguiente cuadro:

Cuadro 4: Fuerzas competitivas y sus respectivos factores.

Fuerza competitiva	Factor relacionado
Poder de negociación de los clientes.	Nivel de precios, calidad del producto, servicios de entrega y post-entrega.
Poder de negociación de los proveedores.	Nivel de precios, términos comerciales, calidad del producto.
Productos sustitutos.	Desarrollo tecnológico.
Aparición de nuevos competidores.	Costos de entrar en el mercado.
Competencia directa.	Nivel de rivalidad.

Fuente: Boian (2007)

A posteriori, sugirió agregar -a cada sub-factor- el producto del peso relativo por el coeficiente considerando su signo.

Finalmente, sumar algebraicamente los productos de cada sub-factor a los fines de obtener un total. En general, un resultado positivo indicaría que la tendencia de las fuerzas -en su industria- requería reforzar la posición competitiva, mientras que lo contrario la debilitaba.

En el siguiente cuadro se muestra un ejemplo de lo antedicho:

Cuadro 5: Ejemplo de análisis de la posición competitiva.

Factor	Importancia relativa	Sub-factores	Coeficiente del sub-factor	Sub-factor	Observaciones
Poder de negociación del cliente	0.2	Diferenciación del producto.	1	0.2	Marca de lujo
		Nivel de información del cliente.	3	0.6	
Poder de negociación del proveedor	0.4	Nivel de concentración de la oferta.	-3	-1.2	
Aparición de nuevos competidores	0.1	Nivel de capitalización.	2	0.2	
		Nivel de acceso a la distribución.	3	0.3	
Competencia directa	0.3	Número de competidores.	-1	-0.3	
		Grado de diferenciación del producto	3	0.9	Uso de tecnología de punta
	1.0			0.7	

Como puede notarse, el modelo propuesto aplicado a las Pymes contribuye en minimizar la influencia de la subjetividad en el análisis. Así, Ibrahim (1993) en Krauss (2009) señaló que la estrategia de segmentación resultaba apropiada para que una Pyme ingresara al mercado. Esta permitiría cubrir las necesidades específicas del mercado en particular, focalizando los recursos limitados en ofrecer al cliente una ventaja especial. Sin embargo, alertó que -esta estrategia- conlleva algunos riesgos, tales como medidas de represalia que pudieran ser tomadas por algunas empresas grandes. Estas medidas solína manifestarse en ataques directos como, por ejemplo, campañas promocionales focalizadas.

Agregó, que la estrategia genérica de diferenciación podía –también- aplicarse en las Pymes, tal el caso cuando se persiguieran un liderazgo en calidad como mecanismo distintivo en su mercado. Usualmente, este factor se basaba en una nueva idea de negocios o en una innovación técnica.

Por otro lado, Fillion (2011) propuso un modelo simplificado, pretendiendo que las Pymes desarrollaran y evaluaran sus opciones estratégicas. El mismo abarcó los siguientes elementos:

- Intenciones del director.
- Evolución de los recursos y competencias que podían adquirirse en forma flexible.
- Percepción de la evolución del entorno distinguiendo tres tipos: el

entorno global, el sectorial y el de cercanía. Con el fin de evaluar el entorno sectorial, el autor recomendó utilizar las cinco fuerzas de Porter, agregando que se debía concentrar en el previsible poder de negociación de los proveedores y clientes dentro del horizonte temporal.

Finalmente, sugirió que -a los efectos de optimizar un proyecto estratégico- resultaba necesario considerar estos tres aspectos en forma conjunta, simultánea y coherentemente.

Ventajas de la aplicación de la herramienta.

Del análisis de distintos autores, se observaron las siguientes ventajas derivadas de la aplicación de esta herramienta:

- Hax (1991) destacó que cuenta con la habilidad de permitir la comunicación rápida y efectiva de los principales problemas derivados de la evaluación del nivel de atracción de la industria.
- Isoherranen (2012) sostuvo que contribuye a señalar la capacidad de la compañía para responder a tales fuerzas.
- Ormanidhi (2008) señaló que el modelo contaba con una adecuada estructura que proveía un criterio e indicadores de comparación que permitían analizar a las empresas. Agregó que su aplicación era general, destacando su capacidad de abarcar la complejidad de la realidad.

Desventajas y limitaciones de la aplicación de la herramienta.

Así como existían autores que planteaban los beneficios de las cinco fuerzas competitivas, se encontraban otros que puntualizaban algunas desventajas. De este modo, Grant (1996) indicó que no consideraba las reacciones de la competencia y que la herramienta perdía su capacidad de guiar cuando la velocidad de la industria era rápida.

Además, insistía en que el modelo no consideraba la interacción entre firmas, cuya limitación ha sido cubierta —parcialmente- por la teoría de juegos. Sin embargo, afirmaba que esta teoría carecía de un elemento fundamental, que era incluir -en su propósito- alcanzar la ventaja competitiva, ya que su enfoque primordial se ha dirigido a explicar cómo se logra el equilibrio en los jugadores, incluyendo muchos supuestos y restricciones.

Se observó que -si bien la teoría de juegos podía constituirse en una herramienta importante a los efectos de tomar decisiones estratégicas específicas, ya que consideraba los probables movimientos de los competidores- ésta se aplicaría a situaciones muy particulares, tales como el lanzamiento simultáneo de nuevos productos con especificaciones similares por parte de dos firmas. Sin embargo, resultaba posible destacar su potencial en la elaboración de escenarios, especialmente si el número de competidores era reducido. Por otro lado, una gran limitación radicaba en que se basaba en información imperfecta al no poder visualizar los movimientos del competidor en tiempo real, tal como sucedía en el juego de ajedrez.

Una postura diferente al modo de formular la estrategia era planteada por Hamel y Prahalad (1989), sugiriendo que el mantenimiento de una cierta congruencia entre la estrategia interna y su ambiente externo no ayudaba a una mejor competitividad, como tampoco la adopción de estrategias genéricas ya que muchas empresas realizaban ingentes esfuerzos por imitar las ventajas de sus competidores.

Por tanto, han propuesto basar la estrategia en crear ventajas competitivas que se adelantaran a la competencia, más que concentrarse en tomar una posición basada en el liderazgo en costos o en la diferenciación. Como consecuencia, el desafío al concepto tradicional de congruencia que han propuesto los autores resultó completamente radical; sostuvieron que el éxito de las firmas no se atribuye a una consistencia entre recursos y oportunidades, sino a la creación de un desbalance entre las ambiciones y los recursos disponibles. De este modo, al considerar que el análisis de la industria conducía a tomar un posicionamiento dentro de su estructura –lo que muestra, asimismo, las aptitudes del líder para cambiarla- implicaría que las firmas podrían jugar conforme a las reglas que impone el líder, lo que devendría en un suicidio competitivo.

Adicionalmente, sugirieron que el cambio acelerado en la mayoría de las industrias imponía una planeación proyectando el presente en forma incremental. Así, los conceptos que -hasta ese entonces- eran clásicos de la escuela de Harvard, restringían la capacidad de la empresa de improvisar e innovar. Agregaron que las opciones estratégicas clásicas eran fáciles de descifrar, lo cual las volvía insostenibles en el largo plazo.

También, era desafiado el axioma de no quedar atrapado en el medio -entre una estrategia de liderazgo en costo y diferenciación- mostrando cómo algunas industrias han logrado liderar ciertos productos a través de la utilización de manufacturas flexibles, que mostraban ventajas de calidad como elemento diferenciador y –también- se han permitido producir a bajos costos.

Similarmente, el concepto de estrategia de focalización fue –también- expandido ya que el objetivo de detectar un nicho no se refiere – necesariamente- a encontrar un lugar no atendido por la industria, sino – algo más desafiante aún- un nuevo espacio fuera de ella.

También, presentaron el desafío a la creencia de que la innovación podía forjarse sólo en la gerencia, sin considerar el potencial de los niveles operativos. Alternativamente, propusieron el concepto de forjar una obsesión estratégica por alcanzar el liderazgo global, lo que han denominado "intención estratégica"[2] , basada en la adopción de un proceso de dirección activo que utilizaba esta intención en forma consistente en la asignación de recursos y en ambiciones que van más allá de los recursos existentes.

Posteriormente, Hamel (1996) reforzó el concepto de introducir la innovación mediante la participación integral del grupo de colaboradores, la búsqueda de la discontinuidad de la tecnología y la explotación del conocimiento. Por tanto, reconoció a la innovación como una de las fuentes principales de la competitividad.

Se verifica que el aporte de estos autores -que desafían los modelos de la escuela clásica- se ha basado en buscar nuevas fuentes de adquisición de ventajas competitivas. Sin embargo, debe reconocerse que no todas las firmas nacen con la intención estratégica de ser líderes globales, ni el ritmo de cambio en el ambiente resulta tan vertiginoso en todas las industrias o áreas geográficas como para hacer de la innovación el modelo exclusivo a adoptar. Por otro lado, deviene verosímil —también- que, como contrapartida, no se reconoce abiertamente el conocimiento y la retroalimentación que se puede generar al utilizar herramientas de análisis estratégico complementarias.

Ampliando lo anterior, Collis (1995) afirmó que el modelo no consideraba las raíces de las ventajas competitivas que podían estar dentro de la organización, tales como experticia, el aprendizaje colectivo y las habilidades gerenciales. Para suplir esta deficiencia, hizo referencia a la perspectiva basada en recursos y competencias de la empresa como el fundamento de la posición competitiva. Es dable aclarar que existen herramientas de mayor contribución que la visión basada en recursos, tal el caso de la cadena de valor, que es analizada más adelante.

Como puede apreciarse en el cuadro 6, esta herramienta resultaba útil cuando se pretendía evaluar la capacidad de la firma para crear y retener valor, analizar su posición competitiva frente a sus rivales y adoptar una posición específica en el mercado.

Por lo expuesto, el modelo de las cinco fuerzas competitivas de Porter representaba una contribución al análisis de un sector industrial y sus posibilidades de rentabilidad y competencia para la empresa que pretendía plantear una rivalidad en el mismo. A lo largo de los años y con nuevos elementos y perspectivas, se han ido develando factores que pueden ser incorporados a efectos de provocar las complementariedades necesarias, lo que no inhabilitaba —totalmente- el aporte que esta herramienta sugiere.

A modo conclusivo de lo expuesto en el presente apartado, se ofrece el siguiente cuadro un resumen:

---

[2] Hamel, G. y Prahalad C. K. (May-June 1989) Strategic Intent, Harvard Business Review, USA: Boston.

Cuadro 6: Las cinco fuerzas de Porter.

Descripción
El reconocimiento de los factores del ambiente externo permite, a la firma, tomar una posición competitiva, definir su cobertura y esbozar su estrategia genérica.

Aplicación
Tanto el alto poder de negociación de los proveedores y la amenaza de sustitutos, como el potencial ingreso de nuevos rivales afecta a las Pymes en su capacidad de crear y retener valor.
Si el poder de negociación del cliente fuera un factor importante, la firma puede aplicar distintas alternativas en función de sus variables, tales como la revisión de sus canales de distribución, la focalización en diferenciación, desarrollar convenios de exclusividad con proveedores y aumentar los costos de cambio para los clientes.

Ventajas
Permite identificar los problemas que se muestran en la respectiva industria y la capacidad de la firma para abordarlos.
Provee indicadores de posición competitiva en comparación con rivales actuales y potenciales.

Desventajas
Pierde su capacidad de orientación cuando la velocidad de transformación de la industria es acelerada.
Al enfocarse en el ambiente externo, no considera las potenciales fuentes de ventaja competitiva al interior de la firma, tales como los recursos y capacidades disponibles.

Finalmente, deviene imprescindible plantear un comparativo de las argumentaciones de M. Porter y la de otros autores posteriores a efectos de resumir las posturas doctrinarias planteadas en este apartado:

Cuadro 7: Comparativo entre M. Porter y otros autores.

Concepto	M. Porter	Otros autores
Forma de crear la estrategia	Adoptar un posicionamiento ya que cuenta con incidencia directa en la productividad.	Hamel y Prahalad sugieren adelantarse a la competencia ya que el posicionamiento debilita la competitividad de la firma. Proponen desafiar las creencias y convencionalismos de la industria y buscar ventajas en nuevos espacios fuera de sus límites.
Relevancia de la inversión como capacidad para crear una estrategia	La inversión es una variable fundamental en su modelo, principalmente para la investigación, el aprendizaje y las instalaciones.	En la creación de estrategias, G. Hamel indica que la imaginación es mucho más preponderante que la inversión.
Facilidad de realizar un análisis dinámico	Se puede analizar la dinámica a través de algunos procesos predecibles e interactuantes, aunque la rapidez y dirección sean diferentes en cada industria. Ejemplos: innovaciones en producto, marketing y procesos.	R. Grant enfatiza que la herramienta pierde su atributo de guiar cuando la dinámica de la industria es muy acelerada. G. Hamel complementa que los horizontes de predicción se hacen cada vez más cortos.
Manifestaciones de la superioridad competitiva	Las estrategias genéricas hacen a la superioridad competitiva.	D. Collis afirma que esta superioridad debe expresarse en términos de sub-factores o en una combinación de ellos y no en expresiones genéricas. G. Hamel defiende que la superioridad competitiva reside en la capacidad de mejorar las habilidades y competencias actuales y aprender nuevas.

Las perspectivas diferentes expresadas en este cuadro indican que las Pymes cuentan con la opción de adoptar un posicionamiento estratégico específico, el cual puede ser potenciado a través de su capacidad de innovación; específicamente, si adquieren recursos y competencias a los efectos de desarrollarla.

2.1.2 Análisis PEST.

Ward (2005) comentó que este análisis se enfoca en evaluar el ambiente externo en el que una firma opera (por sus siglas, abarca variables Políticas, Económicas, Sociales y Tecnológicas, PEST).

A diferencia del modelo de las cinco fuerzas de Porter —en el que se relacionan las variables directamente en la industria a la que la empresa pertenece- aquí se analizan los factores presentes en el ambiente en general y en modo independiente, por lo que -según su importancia- se afectará – indirectamente- a cada firma, en particular y a diferentes niveles, tales como sus asuntos estratégicos, sus procesos de marketing y el desarrollo de productos, entre otros.

Descripción de la herramienta.

La afectación en las empresas y/o en su competitividad se producía en forma indirecta y a pesar que la firma —raramente- podía manipularlos, aunque podía evaluarlos y protegerse o reaccionar adecuadamente ante ellos.

Las variables incluidas en el presente análisis, se muestran a continuación:

Cuadro 8: Variables incluidas en el análisis PEST [Fuente: Ward (2005)].

Políticas	Económicas
•Regulaciones y protección del medio ambiente.	•Crecimiento económico.
•Políticas impositivas.	•Tasas de interés y política monetaria.
•Regulaciones y restricciones al comercio internacional.	•Gastos del Gobierno.
•Protección del consumidor.	•Política contra el desempleo.
•Leyes laborales.	•Impuestos.
•Actitudes del Gobierno.	•Tipos de cambio y tasa de inflación.
•Regulación de la competencia.	•Estado de madurez de la industria.
•Estabilidad política.	•Confianza del consumidor.
•Regulaciones de seguridad.	

Sociales	Tecnológicas
•Distribución del ingreso.	•Inversión gubernamental en investigación.
•Crecimiento poblacional y distribución demográfica.	•Focalización de la industria en esfuerzos tecnológicos.
•Mano de obra.	•Invenciones y desarrollo.
•Cambios en estilos de vida.	•Velocidad de transferencia de tecnología.
•Actitudes de trabajo y entretenimiento.	•Ciclo de vida y velocidad de la obsolescencia tecnológica.
•Espíritu emprendedor.	•Consumo de energía y costos.
•Nivel de educación.	•Cambios en Tecnología de información.
•Tendencias en la moda.	•Cambios en tecnología móvil.
•Educación en salud y seguridad.	
•Condiciones de vida.	

Asimismo, Dess (2011) ha destacado algunos aspectos de cada factor:

Variables políticas y leyes: influían en las regulaciones y limitaciones a las que debían someterse algunas industrias, en el mercado de capitales, en los costos laborales y en el nivel de responsabilidad que debían asumir los directivos.

Variables económicas: afectaban -en mayor o menor grado- a todas las industrias, siendo algunos de sus indicadores principales las tasas de interés, el desempleo, el nivel de precios al consumidor, el producto bruto interno (PBI) y los niveles de ahorro. La sensibilidad de estas variables difería en cada sector; por caso, las tasas de interés normalmente impactaban negativamente en el sector de la construcción.

Variables socio-demográficas: influían –principalmente- en la escala de valores y los estilos de vida, los cuales podían impulsar el consumo de ciertos productos en detrimento de otros como, por ejemplo, el descenso de comidas poliinsaturadas versus el aumento de consumo de alimentos de bajas calorías.

Variables tecnológicas: su intensidad promovía la forma de producir y entregar algunos bienes y servicios, cuyas innovaciones podían alterar completamente los mercados existentes. El nivel de aplicación podía ser muy variado, dependiendo del modo de utilización de la energía, la sustitución de materias primas con otras de mayor calidad y los servicios que hicieran utilización de las actualizaciones tecnológicas.

Metodología de la herramienta.

Ward (2005) ha indicado que este análisis resulta –usualmente- articulado y presentado lingüísticamente ya que no utiliza representaciones gráficas o matemáticas como podía ser el caso de las otras herramientas de análisis del ambiente externo.

Si bien el autor destacaba la naturaleza cualitativa de la herramienta, se requería rescatar que -la información que recopila- podía ser utilizada como variables para el análisis microeconómico.

Por otro lado, Thompson (2012) sugería que la dirección no necesitaba recuperar toda la información posible y subutilizar el tiempo tratando de asimilarla. Por el contrario, debía concentrarse en aquella que tuviera relación directa con su industria y ambiente competitivo. En este caso, la herramienta debería –específicamente- apuntar a visualizar cambios en el comportamiento del consumidor, fuentes y costos de aprovisionamiento de materia prima, y- además- posibles acciones y reacciones de la competencia en relación a cambios en las variables.

Aplicaciones y contribuciones de la herramienta.

Bowen (1991) indicó que esta técnica podía ser útil para pensar más ampliamente sobre las influencias del ambiente en la firma, recomendando su utilización a los efectos de imaginar cómo las tendencias y cambios afectaban la industria a través de las cinco fuerzas de Porter. Adicionalmente, exhortó a que la firma debía tomar la iniciativa de pensar en el futuro, dotándola de mayor capacidad que sus competidores al actuar proactivamente.

Asimismo, Isoherranen (2012) sugirió que este análisis permite -a las empresas- una comprensión exhaustiva de cómo los cambios en las variables afectaban su posición competitiva en los mercados.

Aplicación de la herramienta en las Pymes

Andrews (1987) en Krauss (2009) sugirió que -tanto el PEST como el análisis FODA y matrices de portafolio de productos como, por ejemplo, la Matriz BCG, y el concepto de análisis del ciclo de vida del producto[3] - eran las más aplicables a las Pymes.

Así, Ming (1999) encontró al PEST como una herramienta de aplicación específica, señalando que podría estar más orientada a la cobertura de riesgos. El escepticismo sobre su utilidad podía aumentar si se consideraba que la Pyme no sería lo suficientemente disciplinada o experimentada en la ejecución del análisis. Analizó el caso de Pymes en Malasia cuya mayoría se enfocaba en sus fortalezas internas; de este modo, abordaban sus decisiones –básicamente- considerando sus habilidades y competencias básicas. Sin embargo, advertía que -de haberse utilizado la herramienta- se hubiera podido salvar a muchos emprendedores, quienes hubieran podido detectar las señales de alerta a tiempo.

Otros autores -como Lawrence (2012)- destacaron que algunas variables de la herramienta devenían particularmente relevantes para las Pymes. En su investigación realizada en Jamaica, los factores reconocidos como de mayor relevancia fueron la recesión económica, la competencia, las tasas de interés y el acceso a préstamos. Sin embargo y en su opinión, estos factores no han sido abordados adecuadamente por estas empresas.

Ventajas de la aplicación de la herramienta.

Como en cada herramienta, existían aquellos autores que observaban sus ventajas. Hoang (2011) detalla las siguientes:

* Resultaba de mucha utilidad si se lo empleaba para alimentar el Análisis

---

[3] Incluye las etapas de introducción, crecimiento, madurez y declive en el sector o producto. Los objetivos y estrategias a aplicar varían en función a la etapa en que se encuentre (Dess, 2011). Como se señala en la sección II.2.1 representa un concepto útil que debe estar presente el momento de formular la estrategia.

FODA en las áreas de identificación de oportunidades y amenazas (externas).

- Cuando la firma necesitaba analizar aspectos más complejos del ambiente, la herramienta contaba con mayor utilidad debido a que permitía un mayor número de variables.

Desventajas y limitaciones de la aplicación de la herramienta.

La principal desventaja de este análisis, era la marcada por Ward (2005): una probable dificultad en recopilar y manipular información, evaluando los aspectos externos en forma excluyente.

En el siguiente cuadro se propone un resumen de lo expuesto al respecto del PEST:

Cuadro 9: Análisis PEST.

Descripción
El análisis de las variables del ambiente externo ayuda a evaluar su grado de influencia en la industria y a actuar proactivamente ante la probable reacción de los competidores.

Aplicación
Los cambios en el ambiente pueden alertar la presencia de ciertas amenazas y preparar mecanismos de cobertura; los cambios políticos pueden afectar la rentabilidad del negocio, y los cambios en tendencias de consumo y tecnológicos podrían señalar nuevos escenarios de venta, producción y comercialización.

Ventajas
Puede servir de base a los efectos de definir variables de importancia del ambiente externo en el análisis FODA y a los efectos de analizar contextos de mayor complejidad.

Desventajas
Requiere de inversión de tiempo y habilidades de investigación y sistematizar la información, recursos que no son característicos de las Pymes.

Como consecuencia de lo expuesto en el cuadro precedente, se observa que esta herramienta puede ser de utilidad a efectos que las Pymes desarrollen conciencia en relación a los factores del entorno que alerten sobre la necesidad de implementar medidas de cobertura, así como en la identificación de factores de relevancia que alteren los mercados y las induzcan a tomar nuevas alternativas.

2.1.3 Análisis FODA

Este análisis, por sus siglas, se refiere a las Fortalezas, Oportunidades, Debilidades y Amenazas con que cuenta una firma. Thompson (2012) señaló que permitía evaluar los recursos y capacidades competitivas con que cuenta una empresa con el fin de aprovechar las mejores oportunidades del mercado y protegerse contra las amenazas a su bienestar en el futuro. Un mayor detalle se describe a continuación:

Fortaleza/s: representaba uno o más atributos que favorecía su competitividad en el mercado y dependía de la cualidad de los recursos aplicados. A los efectos que ellos respaldaran la ventaja competitiva, debían cumplir dos condiciones:
- Contar con un valor competitivo. Es decir, ser capaz de explotar las oportunidades del mercado y resguardarse de las amenazas externas.
- Ser raro. O sea, que sólo una pequeña porción de las firmas lo posean.

Por otro lado y con el objeto que la ventaja competitiva fuera sostenible en el tiempo, debían cumplirse dos condiciones adicionales:
- Ser de difícil imitación.
- No debía haber una tecnología sustituta detrás del producto.

Debilidades: representaban carencias o desempeño pobre que ponían a la firma en desventaja. Estas podían manifestarse como:
- Habilidades inferiores.
- Deficiencias en activos físicos, organizacionales o intangibles.

*Oportunidade*s: podían ser muy atractivas o poco interesantes y -muchas veces- era posible que se presentaran en mercados altamente cambiantes. Sin embargo, no siempre eran manifiestos la capacidad y el momento de visualizarlas. Aquellas firmas que mantuvieran una actitud activamente alerta y pudieran adquirir los recursos para aprovechar condiciones cambiantes serían las que tendrían más probabilidades de aprovecharlas.

*Amenaza*s: podían derivarse del surgimiento de tecnologías más económicas, de nuevos rivales o productos mejorados, de regulaciones que dotaran de ventajas a los competidores y de la vulnerabilidad ante cambios macroeconómicos.

Descripción de la herramienta.
Thompson (2012) advertía que la herramienta no debe restringirse a listar las variables, sino que debía ayudar a esbozar conclusiones que revelasen el potencial de la firma y distinguieran su status, desde alarmantemente débil hasta excepcionalmente fuerte. Insistía en que su aplicación permitía:
- Utilizar las fortalezas como base para el desarrollo de la estrategia.
- Aprovechar las oportunidades que mejor encajaran con las fortalezas.

- Corregir las debilidades y deficiencias que impidieran aprovechar las oportunidades o aumentasen la vulnerabilidad ante amenazas.
- Utilizar las fortalezas con el fin de disminuir el impacto de las amenazas.

A los efectos de ampliar lo anteriormente expuesto, se ofrecen -en el siguiente cuadro- las fuentes potenciales de identificación de fortalezas, oportunidades, debilidades y amenazas:

Cuadro 10: FODA - Fuentes potenciales.

Políticas	Económicas
•Regulaciones y protección del medio ambiente. •Políticas impositivas. •Regulaciones y restricciones al comercio internacional. •Protección del consumidor. •Leyes laborales. •Actitudes del Gobierno. •Regulación de la competencia. •Estabilidad política. •Regulaciones de seguridad.	•Crecimiento económico. •Tasas de interés y política monetaria. •Gastos del Gobierno. •Política contra el desempleo. •Impuestos. •Tipos de cambio y tasa de inflación. •Estado de madurez de la industria. •Confianza del consumidor.
Sociales	**Tecnológicas**
•Distribución del ingreso. •Crecimiento poblacional y distribución demográfica. •Mano de obra. •Cambios en estilos de vida. •Actitudes de trabajo y entretenimiento. •Espíritu emprendedor. •Nivel de educación. •Tendencias en la moda. •Educación en salud y seguridad. •Condiciones de vida.	•Inversión gubernamental en investigación. •Focalización de la industria en esfuerzos tecnológicos. •Invenciones y desarrollo. •Velocidad de transferencia de tecnología. •Ciclo de vida y velocidad de la obsolescencia tecnológica. •Consumo de energía y costos. •Cambios en Tecnología de información. •Cambios en tecnología móvil.

Fuente: Thompson (2012)

Metodología de la herramienta.

A los fines de evaluar la posición competitiva de una firma, Thompson (2008) recomendaba listar —en un número limitado de no más de diez- las fortalezas en términos de factores críticos de éxito. Los mismos tenían que ser puntuados en una escala de uno a diez, siendo diez la más alta calificación de la fortaleza. Posteriormente, explicó que se realizaba una comparación con los principales rivales, efectuado la suma de dichas calificaciones a efectos de llegar un número final. A mayor calificación de fortaleza general, mayor sería su competitividad.

Sin embargo, dado que -en cada industria- los factores contaban con distinto nivel de importancia, el autor recomendaba realizar la evaluación en forma ponderada. Finalmente, las comparaciones de las puntuaciones de fortaleza general indicarían cuáles eran los participantes en la industria con posiciones competitivas más fuertes y relevantes.

Esta evaluación devenía de utilidad a los efectos que la empresa ejecutara acciones ofensivas o defensivas, explotara sus fortalezas y redujera sus vulnerabilidades.

Aplicaciones y contribuciones de la herramienta.

Siguiendo con Thompson (2008), también ha sugerido que la utilidad del análisis radicaba en las conclusiones que se obtuvieran y la capacidad de convertirlas en acciones de estrategia. Es por ello que, como producto del diagnóstico del análisis FODA, usualmente se obtenía lo siguiente:

- Reconocimiento de competencias fundamentales y su acoplamiento con los factores de éxito básicos de la industria. De este modo, se agregaba poder a la estrategia.
- Trivialidad o criticidad de las debilidades, y su incidencia en el aprovechamiento de las oportunidades.
- Congruencia de las fortalezas con las oportunidades o carencia de ellas.

Asimismo, señaló que la aplicación de la herramienta debe ser el punto de partida a los efectos de realizar los otros análisis internos de la firma y – además- la evaluación de su congruencia con el ambiente.

Existían -sin embargo- varios autores como Hax (1991), Ormadhini (2008) e Isoherranen (2012) que opinaban que esta herramienta recopilaba la información producida por otras herramientas —tales como PEST y las cinco fuerzas de Porter- con el fin de analizar el ambiente y —además- el análisis de la cadena de valor, para analizar las variables al interior de la compañía. Sostenían que -de no hacerlo de esta manera- la aplicación de la herramienta se limitaría a listar las opiniones altamente sesgadas de algunos directivos —surgidas de las lluvias de ideas, por ejemplo- y -al utilizar información raramente validada- produciría conclusiones superfluas o desorientadoras.

Se verificaban utilizaciones más avanzadas de la herramienta y ciertamente complejas, tal como la propuesta por Zavadskas (2012) en la que ofrecía un modelo de análisis estratégico basado en un algoritmo matemático. El mismo comprendía tres fases:

1. En la primera, se analizaban las habilidades gerenciales de la firma, utilizándose el FODA como punto de partida del estudio posterior.
2. En la segunda, se definían los parámetros del problema y se fijaba la función objetivo a los fines de aplicar programación lineal e integral.
3. En la tercera, se utilizaba una matriz de decisión donde se simulaba las permutaciones de alternativas posibles. Adicionalmente, se

interpretaban los resultados y -en caso de ser calificadas como aceptables- formaban parte de la decisión general.

Aplicación de la herramienta en Empresas Pymes.

Houben (1999) destacaba que la herramienta representaba un instrumento flexible destinado a servir como base para el análisis estratégico en las Pymes. Además, permitía -a los directivos- recopilar información provista por las jefaturas departamentales, ayudando a entender su importancia a efectos de la formulación de estrategias.

A su vez, sugería abordar esta herramienta desde una perspectiva de sistemas, lo que implicaba desarrollar un prototipo para someterlo a pruebas. Desarrolló un programa, el que fue aplicado a diez Pymes en Bélgica, obteniendo un resultado de alta calidad gracias a la inclusión de varios campos del conocimiento.

Para desarrollar aquel prototipo, su creador utilizó diagramas de dependencia que mostraban la estructura de la información y el proceso de razonamiento.

Su modelo incluía la evaluación cualitativa de áreas funcionales, tales como: Marketing, Finanzas, Producción, Recursos Humanos y Medio Ambiente, utilizando los siguientes pasos:

- Aplicación de una encuesta cuyas preguntas serían ordenadas por importancia.
- Evaluación de la situación financiera actual y futura.
- Los resultados del diagnóstico representaban las fortalezas y debilidades operacionales.
- En el último paso, se definían y analizaban las fortalezas y debilidades a nivel estratégico.

Helms (2010) encontró al FODA como plenamente aplicable en Pymes y destacó su utilización por parte de algunas Pymes tecnológicas en India y Estados Unidos cuyos abordajes han incluido no solo a esta herramienta, sino —además- a las cinco fuerzas de Porter. Agregó, que -algunos investigadores destacados en la última década como Evans y Wright (2009)- han señalado que -esta herramienta- continuaba siendo una de las más utilizadas en el proceso de análisis estratégico dada su claridad en presentar la posición estratégica, tanto a nivel corporativo como funcional. Sin embargo, concordó -con estos autores- en que debía ser utilizada en conjunto con el análisis de las cinco fuerzas de Porter y no aisladamente.

Adicionalmente, citó a otros investigadores como Oliver y Zarkos (2007), quienes entendían que su utilidad se refería a la solución de problemas antes de que se transformaran en amenazas, recomendando utilizarla — conjuntamente- con otras herramientas más sofisticadas, tales como el mapeo de escenarios y opciones reales. De este modo, sugerían que podían crearse estrategias con mayor flexibilidad.

Finalmente, la autora concordó con Grandy & Mills (2004), al señalar que el análisis de la cadena de valor y el FODA representaban una parte fundamental del análisis estratégico.

Ventajas de la aplicación de la herramienta.

Distintos autores han citado beneficios ante la aplicación del análisis FODA. Algunos de ellos son mostrados a continuación:

- Isoherranen (2012) señaló que necesitaba poca preparación, siendo ésta la razón básica de su popularidad.

- Helms (2010) consideraba que se refería a una técnica poderosa que capturaba la lluvia de ideas si el equipo de trabajo estaba bien conformado. Adicionalmente, señalaba que -la priorización de las variables en los cuadrantes- ayudaba a la dirección a abordar aquellos temas que requirieran mayor o inmediata atención.

- Kormari (2010) señaló que podía ser fácilmente combinable con otras herramientas como PEST y las cinco fuerzas de Porter, pudiendo ser aplicable a nivel de unidad de negocios, producto e inclusive una idea.

Desventajas y limitaciones de la aplicación de la herramienta.

Así como se planteaban beneficios en la utilización de esta herramienta, existían autores que planteaban limitaciones y desventajas. En este sentido, Helms (2010) sostenía que la herramienta contaba con las siguientes desventajas:

- El modelo no se ajustaba a la complejidad de las economías guiadas por el mercado actual. Agregaba, que no ofrecía el contexto para optimizar la estrategia y conducir a su utilización incorrecta a través de la generación de listas sin priorización. Esta opinión ha sido compartida por Isoherranen (2012), agregando que la extensión de las listas confundían e inducían a perder sentido y coherencia.

- Coincidía con Morris (2005) en que las amenazas -en ciertos casos- podían confundirse con oportunidades, mientras que retrocesos o catástrofes podían ser problemas reales y no debíann ser clasificados como oportunidades.

- Carecía de jerarquización de sus elementos, a pesar de algunos intentos por resolverlo y reducir la lista. Sin embargo, al hacerlo —aún- se requería de juicio, el que podía no ser objetivo.

- No sugería estrategias que permitieran aprovechar las oportunidades y capitalizar las fortalezas.

- Carecía de análisis dinámico, lo que puede reducirla a un análisis situacional, sin capacidad de diagnóstico.

Como resultado de lo expuesto en el presente apartado, se ofrece un cuadro en el que se muestra un resumen de lo propuesto:

Cuadro 11: Análisis FODA.

Descripción
Permite a la firma concientizar sobre la posición competitiva utilizando las fortalezas para aprovechar las oportunidades, mitigar las amenazas y corregir las debilidades.

Aplicación
Una vez que recopila la información clave, se convierte en la base para la formulación de estrategias o para construir modelos más sofisticados, con enfoque matemático o basado en la gestión del conocimiento.

Ventajas
Captura la visión de cada área funcional de la firma.
Ayuda a enfocarse en los asuntos relevantes.
Puede combinarse con otras herramientas.

Desventajas
La utilización de listas no conduce per se a la generación de opciones estratégicas ni a su optimización.
La idoneidad de la jerarquización depende de la pericia y objetividad del experto o participante.
El análisis es situacional y no dinámico.

Como conclusión, la herramienta mostraba -en forma sencilla- los recursos que dispone una firma con el fin de aprovechar las oportunidades del entorno. Además, planteaba las amenazas que deberán ser abordadas y las debilidades importantes que perjudicaban su posición competitiva. Finalmente, las Pymes que tuvieran recursos, podían aplicarlos a través de la construcción de modelos más sofisticados.

2.2 Herramientas enfocadas en el ambiente interno.
Como se ha planteado al inicio del presente Marco Teórico, existían distintas herramientas —enfocadas en el ambiente interno- que serán tratadas a continuación.

2.2.1 La Matriz BCG.
Hax (1991) señaló que esta matriz fue concebida —originalmente- por la consultora Boston Consulting Group con el fin de ser aplicada en organizaciones con múltiples unidades de negocio. El modelo asumía que la organización contaba con la capacidad de transferir efectivo -de aquellos

negocios con alta rentabilidad, pero con potencial limitado de crecimiento- a aquellos que mostraran expectativas de crecimiento y rentabilidad sostenida. Por tanto, planteaba –implícitamente- que los fondos generados en las operaciones resultaban suficientes como para atender las necesidades del portafolio de productos.

Las decisiones de asignación de recursos a los productos se basaban en la posición de una matriz de dos por dos, en el que las variables a incluirse eran las determinantes de la capacidad de la empresa a los fines de generar flujo de efectivo. Las variables a las referencia el modelo se refieren a:

- La tasa de crecimiento observada en el mercado, y
- La participación relativa de la empresa en ese mercado o segmento.

Esta matriz pretendía hallar una correlación entre la participación relativa de la unidad de negocios en el mercado con su rentabilidad.

El autor completaba que estas variables son utilizadas como matriz y, dependiendo de su ubicación en la misma, permite planear estrategias generales como las descritas en la sección siguiente.

Descripción de la herramienta.

El modelo proponía estrategias generales según su ubicación en la matriz. O' Brian (2007) describió las estrategias sugeridas del siguiente modo:

- En el primer cuadrante o izquierdo superior se encontraban los negocios con alta participación de mercado y alto crecimiento, denominados estrellas. En este caso se recomendaba invertir intensivamente con el fin de atender a la creciente demanda.
- En el segundo cuadrante o superior derecho se encontraban los negocios de baja participación de mercado aunque con alto crecimiento, denominados signos de interrogación. De este modo, se sugería realizar investigaciones de mercado con mayor profundidad para disminuir la incertidumbre y confirmar que nuevas inversiones conducirán a una mayor participación de mercado.
- En el tercer cuadrante o inferior izquierdo se observaban los negocios de alta participación de mercado relativa, pero de bajo crecimiento. Los mismos eran denominados vacas lecheras debido a que requerían de poca inversión para continuar manteniendo su participación de mercado.
- En el último cuadrante se encontraban los negocios de baja participación de mercado relativo y de bajo crecimiento, denominados perros. Aquí, lo recomendado era reducir o terminar estos negocios dada su bajo potencial de crecimiento y su baja rentabilidad.

En el siguiente gráfico se muestra lo explicado precedentemente:

Gráfico No 2: Matriz BCG.

Fuente: Hax (1991)

Metodología de la herramienta.

Kaplan (2013) comentó que la evaluación de la tasa de crecimiento en el mercado resultaba una tarea difícil por cuanto -cada mercado- contaba con un comportamiento particular. Afirmaba que mercados nuevos podrían crecer exponencialmente, mientras que los maduros tendrían tasas de crecimiento muy bajas.

Respecto a la otra dimensión -referida a la tasa de participación de mercado relativa- sugería que correspondía al ratio entre la participación de mercado de la firma en relación a su competidor más importante.

Con el fin de determinar el punto intermedio de la matriz en su eje vertical, sugirió que comúnmente se utilizaba el 10% de tasa de crecimiento. Por tanto, aquellos mercados cuyo crecimiento superaran el 10% eran considerados de alto crecimiento. A los fines de dividir el eje horizontal, se utilizaba la unidad; o sea, que el punto divisorio correspondía a aquel en que la participación de mercado de la organización igualara a la de su competidor más fuerte.

Aplicaciones y contribuciones de la herramienta.

La principal aplicación de la Matriz BCG se refería al conjunto de estrategias que se derivaban de su posición en los cuadrantes. Ioana (2009) sostenía que esta Matriz contribuía a la asignación de recursos y podía utilizarse -además- en el manejo de marcas, productos y —además-

en el análisis estratégico.

En su investigación, utilizó a la matriz como fundamento para analizar la calidad del manejo del servicio en la industria de materiales. En este caso, su planteo fue puramente matemático con el objeto de optimizar la calidad del servicio. Desarrolló un algoritmo en que resuelve el objetivo, que incluye las variables de calidad y precio, utilizando -como vectores- parámetros técnicos y económicos.

Como técnica de análisis estratégico, hizo ciertas acotaciones sobre las decisiones implícitas en cada posición del cuadrante, a saber:

- En relación a los productos estrella, afirmó que -para mantener el liderazgo en el mercado- la matriz sugería mayor inversión, cuya opción sería justificable en tanto y cuanto la unidad pudiera alcanzarlo o mantenerlo.

- Los signos de interrogación, también conocidos como niños problema, se ubicaban en una zona de muy alto riesgo, por lo que una actitud muy optimista o pretender su rápido crecimiento, podría –a futuro- no lograr el resultado deseado y degradarse hasta ubicarse en la zona de los "perros".

- Las vacas lecheras representaban los productos soñados de muchas empresas ya que continuaban generando flujos de efectivo. En estos casos, la inversión sería infructuosa en vista que no existirían señales visibles de que la industria tuviera oportunidad de crecer.

- Los productos denominados perros generaban un flujo de efectivo que servía –apenas- a efectos de mantener el punto de equilibrio y –generalmente- su rentabilidad, aunque -en relación a los activos utilizados- era baja. De esta manera, devenía necesario abandonarlos o venderlos.

Aplicación de la herramienta en las Pymes.

Krauss (2009) la encontraba particularmente aplicable en Pymes, una vez que se hubieran creado y desarrollado más de un producto o servicio. Agregaba, que esta herramienta se soportaba en dos conceptos clave: el ciclo de vida del producto y la curva de aprendizaje.

A pesar que fue –originalmente- diseñada con el fin de asignar recursos entre diferentes unidades de negocio, el concepto podía ser aplicado a distintos productos para Pymes de reciente creación.

Sugería que podía determinarse una estructura óptima del portafolio de productos, mostrando –también- oportunidades y amenazas si se consideraba su participación de mercado y estado de madurez alcanzada.

Ventajas de la aplicación de la herramienta.

Hax (1991) señaló las siguientes ventajas de su aplicación:

- Equilibrio interno en la asignación de recursos.
- La posición estratégica deseada se expresaba en términos de participación de mercado.
- La forma de articular la estrategia ha sido adaptada por la mayoría de las metodologías alternativas.

En relación con la primera ventaja, consideró que -el equilibrio interno en la asignación de recursos, entendido como la homogeneidad en la distribución- no devenía –necesariamente- en una ventaja, puesto que no garantizaba que éste se optimizara en términos de rentabilidad de largo plazo o de ventajas sostenibles. Tal es así que -en etapas iniciales, como en el caso de los emprendimientos- el portafolio podría estar concentrado en el cuadrante de los perros. Sin embargo, si -por ejemplo- la estrategia adoptada fuera de mayor segmentación –dentro de la diferenciación- el objetivo podría incluir mejoras radicales en el desempeño del producto con el objeto de atender a un nicho específico y -por tanto- la participación relativa en el mercado se volvería irrelevante.

Asimismo, indicó que la bondad de guardar equilibrio en la asignación -en términos de diversificación de las inversiones para disminuir el riesgo- resultaba cuestionable, ya que -tanto la empresa como sus accionistas- disponían usualmente de otras herramientas para alcanzar más eficientemente este objetivo, tal el caso de los modelos algorítmicos matemáticos y heurísticos como los de optimización de riesgo y rentabilidad.

Finalmente y en relación a la segunda ventaja, si bien una alta participación de mercado podía agregar fortalezas a una empresa, consideraba que el crecimiento en dicha participación no siempre beneficiaba a una firma y -por tanto- no estaba -algunas veces- entre sus prioridades. Así, por ejemplo, una firma podría incrementar la utilización de su capacidad instalada con incrementos no proporcionales en sus costos de producción o –también– el incremento en la participación podría requerir inversión promocional o reducción de precios excesiva y, por ende, atentar contra la rentabilidad de la firma.

Desventajas y limitaciones de la aplicación de la herramienta.

Algunos autores señalaron las siguientes desventajas de su aplicación:

- Hax (1991) indicó que:
  - o El análisis sugerido resultaba estático, ya que sólo se basaba en un período, sin un análisis de cambios en la matriz, además de considerar tendencias históricas.
  - o La participación de mercado relativa alta estaba asociada con economías de aprendizaje y de escala y -por tanto- con su potencial de rentabilidad y generación de efectivo, situación que -en ocasiones- no parecía suceder.
  - o La participación de mercado –que era utilizada como indicador de fortaleza de la posición competitiva- resultaba fuertemente cuestionada porque existían otros factores para determinarla.
  - o Con la finalidad de proveer una clara representación de rentabilidad y fortaleza competitiva de cada unidad de negocio, devenía obligatorio que cada uno de los negocios o unidades fueran totalmente autónomos, lo cual -no necesariamente- sucedía en la realidad.

- Lee (2007) sostenía que:
  - o En Pymes podían existir posiciones no claras o contradictorias en la matriz dependiendo de la región donde se ofrecieran los productos de una misma empresa.
  - o Los abordajes de análisis estratégico -que eran inspirados en el portafolio de negocios como BCG- resultaban ingenuos, al no considerar la reacción de los competidores.
  - o La definición del mercado podía ser muy amplia o muy estrecha.
  - o No se incluía la evaluación financiera donde se utilizaría el costo del capital, cuando se sugerían acciones de asignación de recursos.

- Collis (1995) agregó que –al tratarse de una corporación- no se consideraba cuánto valor ha creado cada unidad de negocio.

En el siguiente cuadro, se resumen los principales conceptos expuestos en el presente apartado:

Cuadro 12: Matriz BCG.

Descripción
Permite tomar decisiones de asignación de recursos de productos, líneas y marcas en función al potencial de crecimiento y participación relativa en el mercado.

Aplicación
La ubicación de las líneas de productos -en los cuadrantes- permite visualizar el portafolio en términos de las dos dimensiones y evaluar si la distribución guarda concordancia con la estrategia general de la empresa.

Ventajas
Ayuda a visualizar las opciones de generación de flujo de operaciones mediante la ubicación actual y probable -en el futuro- de los productos en la matriz.

Desventajas
El análisis es estático y no considera la evolución de la ubicación en el tiempo.
La participación de mercado no es un indicador de fortaleza competitiva para las Pymes.
La definición del mercado puede ser subjetiva.
No incluye la contribución de valor en términos financieros.

A modo conclusivo, se observa que la herramienta facilita la visualización de la asignación de recursos de las Pymes en base a las dos dimensiones propuestas. Sin embargo, muestra muchas deficiencias en términos de orientación, considerando que la participación de mercado relativa no mide las fortalezas competitivas de estas firmas. Por tanto, su aplicación resulta muy limitada -en general- y más -aún- en las Pymes.

2.2.2 La Matriz de Ansoff.
Distintos autores plantearon elementos técnicos al respecto de esta técnica. De acuerdo con Hoang (2011), la misma surgió en 1957 y su denominación se debe a su creador, el Profesor Igor Ansoff. Indicó que esta herramienta analítica fue diseñada a efectos de dar respuesta a aquellos casos en que se divisaban oportunidades de crecimiento, proponiendo varias estrategias –

que dependían de la motivación con que se contara. Cada estrategia respondía a un cuadrante distinto de una matriz de dos por dos, cuyas filas se referían a los mercados existentes y nuevos, y las columnas a los productos existentes o nuevos.

A su vez, Ward (2005) agregaba que -con el objetivo de dominar dos de las cinco fuerzas de Porter, la rivalidad y la amenaza de nuevos competidores- se requería una posición dominante en la industria, para lo cual esta herramienta ayudaba a visualizar la capacidad de alcanzar esa posición.

En el siguiente gráfico, se muestra la Matriz de Ansoff:

Gráfico 3: Matriz de Ansoff.

Fuente: Hoang (2011)

Descripción de la herramienta.

Según la ubicación en la Matriz del gráfico anterior, Hoang (2011) prescribía estrategias específicas conforme se muestra en los párrafos siguientes.

Primer cuadrante - Penetración de mercados

En este caso, la preferencia se refería a enfocarse en la venta de productos existentes en mercados actuales, por lo que representaba una posición conservadora y contaba con bajo riesgo. La ejecución se realizaba ofreciendo precios más competitivos o por actividades de marketing que aumentaran la deseabilidad del producto. Incentivar la frecuencia de compras y reposicionar la marca, representaban acciones posibles a efectos de alcanzar los objetivos.

A pesar que –en apariencia- esta estrategia parecía ser de bajo riesgo por trabajar en terreno conocido, la reacción de los rivales podía ser agresiva induciendo a guerras de precios.

Segundo cuadrante – Desarrollo de Producto
Se refería al desarrollo y extensión de productos en mercados existentes y encajaba en firmas que desearan extender el ciclo de vida de sus productos. Con el fin de desarrollar productos, recomendaba agregar valor considerando tres aspectos: el diseño físico, la confiabilidad y la performance del producto.

Tercer cuadrante - Desarrollo de mercado
Implicaba el desarrollo de nuevos mercados utilizando productos existentes. Este objetivo podía ser logrado capturando nuevas regiones geográficas, o nuevos segmentos, así como nuevos canales de distribución. Adicionalmente, se podían realizar actividades de promoción para seducir a la audiencia o modificar la política de precios con el objeto de atraer diferentes segmentos.

Cuarto cuadrante – Diversificación
Contemplaba la venta de nuevos productos en nuevos mercados. Esta opción era utilizada frecuentemente en empresas que han alcanzado niveles de saturación –en productos y mercados- y se encontraban abocadas a la búsqueda de nuevas oportunidades de crecimiento.

Metodología de la herramienta.
Gianos (2013) señaló que las herramientas creadas por Ansoff estuvieron dirigidas a explorar y explotar el potencial de rentabilidad y, por tanto, mejorar la posición competitiva de la firma. Sin embargo, ésta en particular incluía sólo información –típicamente- contable.
Además, indicaba que la herramienta sugería colocar los productos en círculos, cuya proporción representara la medida de rentabilidad. Por otro lado y a efectos de corregir la tendencia a basar las decisiones solamente en datos históricos, sugería la incorporación de escenarios. Asimismo, la adaptación de los planes -conforme éstos evolucionan- constituía un método válido destinado a optimizar el desempeño de la firma.
Considerando que el objetivo del modelo era potenciar la rentabilidad y el desempeño financiero, se sugerían utilizar –en forma alternativa- medidas financieras basadas en el flujo de efectivo descontado.

Aplicaciones y contribuciones de la herramienta.
De acuerdo con Mc Donald (1991), ningún método -por sí solo- podía atender las expectativas de la dirección. Es por ello, que la Matriz de Ansoff

debía ser utilizada con otras, tales como la Matriz BCG y las estrategias genéricas de Porter descriptas precedentemente. Todas ellas, resultaban de utilidad en una primera instancia de la elaboración de un plan de Marketing, aunque -en particular- en los procesos de análisis de estructura del mercado y definición de objetivos de marketing por producto y por segmento.

Complementando lo anterior, Laszló (2008) realizó una investigación en Pymes de Hungría —en el período 2004/2007- a efectos de identificar las estrategias de crecimiento utilizadas, según la Matriz de Ansoff. Los resultados indicaron que aquellas firmas que contaban con una expectativa de bajas tasas de crecimiento estaban asociadas con estrategias de penetración de mercado; mientras que las que utilizaban altas tasas, se relacionaron con estrategias de diversificación. En cuanto a la utilización de la estrategia de innovación en sus productos, apenas el 8% de las firmas incluidas en su muestra la utilizaron, y sólo el 3% planeaba renovar -al menos parcialmente- sus productos. Concluyó que la formulación de estrategias generales de las Pymes -en este país- era tan deficientes que agudizaba su baja competitividad.

En esta investigación intentó identificar —también- el grupo de estrategias conexas y pasos específicos necesarios con el fin de lograr un crecimiento exitoso. Señaló que -por ejemplo- la estrategia de diversificación requería de recursos adicionales humanos y financieros, cooperación, tecnología y cambios organizacionales.

Adicionalmente, entre los resultados que arrojó su trabajo, se destacó que los negocios más pequeños estaban más comprometidos con estrategias de penetración, enfocándose en sus clientes actuales. Por el contrario, aquellos negocios que aplicaron estrategias de diversificación, se referían a aquellos que más invirtieron, utilizaron la tecnología más avanzada, cambiaron con mayor frecuencia su estructura organizacional y adquirieron mejores aplicaciones en la Web.

Aplicación de la herramienta en empresas Pymes.

Distintos autores han abordado la aplicabilidad de esta matriz en las Pymes. Por ejemplo, Krauss (2009) señaló que las estrategias de producto-mercado podían ser perfectamente aplicables en Pymes recientemente creadas, a pesar que ellas —usualmente- se encontraban restringidas por sus limitados recursos. Por tanto, la Matriz de Ansoff podía ser considerada como un instrumento eficiente destinado a identificar nuevas estrategias y asignación de recursos.

Por el contrario, Gunther (2010) entendía que este tipo de herramientas convencionales no resultaban aplicables en Pymes debido a su irrealidad y atipicidad. A su vez, sugirió que debían considerarse ciertas características de las Pymes como flexibilidad y estructuras más planas que las acercaban a las condiciones de mercado y enfocaban en el cliente. Por ende, si una

Pyme estaba en condiciones de explotar estas características y –particularmente- lograba la mayor participación de colaboradores, incluyendo la de aquellos que no pertenecen a la dirección, podría estar en mejor condición a efectos de compartir objetivos comunes y acceder a una mayor fuente de experiencias. Insistía en que –particularmente- el intercambio de dichas experiencias y conocimientos podía generar consideraciones estratégicas de relevancia.

Ventajas de la aplicación de la herramienta.

Hoang (2011) destacó que la matriz resultaba –comúnmente- utilizada con el fin de analizar las oportunidades de crecimiento y la dirección de un negocio. La entendía sencilla en su definición y ejecución, y a eso debía su popularidad.

Desventajas y limitaciones de la aplicación de la herramienta.

Ciertamente, existían distintos especialistas que marcaban desventajas y limitaciones a este instrumento. Así, Hoang (2011) señaló que los críticos de esta herramienta opinaban que los eventos no necesariamente encajaban dentro de los cuadrantes, exhortando a utilizarla conjuntamente con otras herramientas, como -por ejemplo- las 5 Fuerzas de Porter, ya referida.

Sugería que la herramienta no agregaba objetividad cuando los directivos mostraban posiciones extremas en su aversión al riesgo. Aquellas firmas que estuvieran dispuestas a tomar más riesgos podían inclinarse por opciones de diversificación -asimiladas a mayores dosis de innovación- mientras que las más conservadoras optarían por una estrategia de desarrollo de productos.

A partir de lo expuesto, se observa que la herramienta puede ser de mucha utilidad en las Pymes, independientemente del momento particular en que se encuentre su ciclo de vida. De esta manera, el aporte radica en la expresión de estrategias generales de marketing según la ubicación de las líneas de producto en la matriz de producto/mercado, permitiendo visualizar –gráficamente- su potencial a efectos de crear valor en función al indicador seleccionado.

A modo de resumen de lo planteado, se muestra el siguiente cuadro:

Cuadro 13: Resumen de la Matriz de Ansoff.

Descripción

Permite crear estrategias de crecimiento según sus productos y mercados actuales y potenciales.

Aplicación

Los objetivos de crecimiento determinarán la estrategia de marketing y permitirán planear las actividades y recursos a efectos de implementarlos.

Ventajas

Herramienta simple a efectos de mapear todo el espectro de productos, grupos, clientes o unidades de negocios.

Desventajas

Las acciones sugeridas no necesariamente encajan en los cuadrantes propuestos y no elimina la subjetividad de los directivos al momento de tomar decisiones.

2.2.3 Análisis de la Cadena de Valor (CV).

Hax (1991) consideró que la CV permite descomponer la unidad de negocios en sus fases relevantes, considerando todas las actividades que condujeran a la creación de valor. También, consideraba que todas las tareas ejecutadas en una organización podían ser clasificadas en nueve categorías, cinco de ellas se denominaban actividades primarias y las restantes actividades de apoyo.

Descripción de la herramienta.

A continuación se describen las actividades según la visión del autor mencionado:

Actividades primarias

Involucraban el movimiento físico de materias primas y productos terminados, la producción de bienes y servicios, marketing y ventas, así como los servicios posteriores a la producción. De este modo, comprendían:

• Logística de entrada: recepción, manejo de materiales, bodegas, control de inventarios, programación de vehículos y devoluciones a proveedores.

• Operaciones: transformación de insumos en productos finales.

• Logística de salida: distribución de producto terminado.

• Marketing y Ventas: induce y facilita la compra de los productos incluyendo publicidad, fuerza de ventas, selección de canales, relaciones con los canales y fijación de precios.

- Servicios: mantenimiento o creación de valor posterior a la venta del producto.

Actividades de soporte

A diferencia de las actividades primarias, las de soporte eran más permeables y su función esencial no se referían sólo a proveer soporte a las primarias, sino –además- a cada una de las funciones pares a ella. Las mismas incluían:

- La infraestructura gerencial de la firma, que comprendía todos los procesos y sistemas destinados a asegurar coordinación y responsabilidad.
- La Gerencia de Recursos Humanos y el manejo del talento dentro de la organización.
- El desarrollo tecnológico, tanto presente como futuro.
- La gestión de Compras, que iba más allá de la función centralizada de Compras, incluyendo la búsqueda continua de fuentes de aprovisionamiento e insumos alternativos, así como el proceso de negociación con los proveedores.

A diferencia del análisis de la industria -cuyas variables son típicamente no controlables- consideraba que el análisis de la CV se refería a actividades que se convertían en factores controlables con el fin de alcanzar la superioridad competitiva.

Indicó que las categorías estaban definidas muy ampliamente y –a efectos de facilitar el análisis- sugirió seleccionar los factores críticos de éxito en cada una de ellas. Así, por ejemplo, en las actividades primarias de marketing incluiría, principalmente:

- Ubicación y número de los sitios de venta y bodegas.
- Sistemas de distribución.
- Investigaciones de mercados.
- Cuentas clave.
- Competitividad en precios.
- Cobertura de la línea de productos.
- Lealtad de marca.
- Productividad de la fuerza de ventas.
- Manejo de la imagen de la empresa y de los productos.

El creador de la herramienta, el Profesor de Harvard M. Porter (1985) indicó que las actividades de soporte debían desglosarse en sub-actividades, variando de acuerdo a cada industria. Adicionalmente, destacaba ciertos aspectos de cada actividad de soporte, tal como sigue:

Actividades de Compras

Estas actividades contaban con la particularidad de diseminarse en toda la firma y se basaban en la utilización de procedimientos específicos que permitieran el manejo de proveedores y su calificación. También, se encontraban complementadas con adecuados sistemas de información.

A pesar que el costo de ejecutar estas actividades no era –usualmente- representativo para una firma, contaba con un gran impacto en el costo total o la diferenciación de la operación, por lo que la mejora en sus prácticas se volvía imprescindible.

Tecnología

Esta actividad se manifestaba como el conocimiento (know how) y los procedimientos, abarcando actividades sencillas como la preparación de documentos hasta el desarrollo del producto propiamente dicho. Representaba el esfuerzo realizado con el objeto de mejorar el producto y los procesos.

Recursos Humanos

Apoyaba a toda la cadena de valor y –además- el autor destacó que -pocas veces- se comprendían los sacrificios/intercambios (trade-offs) que estaban implícitos en algunas decisiones, tales como cuando se comparaba un salario con los altos costos de reclutamiento y entrenamiento a partir de la alta rotación de personal.

En relación con la adquisición de ventajas competitivas, su función guardaba relación con las habilidades y la motivación de los empleados, así como con el reclutarlos y entrenarlos.

Infraestructura

Incluía algunas actividades como gerencia general, planeamiento, finanzas, contabilidad, legales, asuntos fiscales y calidad.

El enfoque clásico contable se dirigía a clasificarla dentro de los costos generales. Sin embargo y dependiendo del sector industrial en que se encontrara, podía volverse una fuente poderosa de ventaja competitiva, como por ejemplo, cuando existía transparencia de la información remitida a los organismos de control o el contar con apropiados sistemas de información, entre otros.

Metodología de la herramienta.

Porter (1985) recomendaba iniciar el análisis con la CV genérica y – posteriormente- cada categoría general se la sugería dividir en actividades discretas, ordenándolas según el flujo del producto o del proceso.

El principio básico a utilizar se refería a que las actividades debían ser clasificadas conforme a los siguientes criterios:

1. Las que contaran con distinto aporte económico.
2. Las que impactaran directamente en la diferenciación.
3. Aquellas que sus costos fueran representativos
4. Aquellas que mostraran tendencia de crecimiento.

Adicionalmente, exhortaba a tener en cuenta –fundamentalmente- los vínculos entre las actividades de la cadena, por cuanto la forma en que se realizaba cada una de ellas, afectaba a las otras. Asimismo, utilizaba el ejemplo de una cadena de comida rápida en la que el cronograma de la campaña promocional podía influenciar en la capacidad de utilización de la planta, y destacaba que -tales vínculos- representaban una fuente potencial de ventaja competitiva de dos formas: optimización y coordinación.

También, indicó que –en ciertas circunstancias- la identificación de los vínculos podía resultar difícil y -para facilitarla- planteaba buscarlos en las siguientes relaciones de causa:

- Las diferentes formas en que podía ser realizada una función.
- El costo de actividades directas podían disminuirse a través del esfuerzo en la ejecución de actividades indirectas.
- Actividades realizadas al interior de la firma podían reducir el esfuerzo para demostrar y explicar el producto.

El siguiente gráfico muestra cómo se construye el margen de las operaciones a partir de las actividades primarias y secundarias que conforman la CV:

Gráfico 4: Cadena de valor genérica.

Fuente: *http://www.cmigestion.es/2013/direccion-estrategica/planificacion-estrategica-iv-la-cadena-de-valor/, recuperado el 15/12/2015.*

Aplicaciones y contribuciones de la herramienta.

Porter (1990, p. 41) indicó que "la cadena de valor de una firma es un sistema interdependiente o red de actividades conectadas por vínculos". Tales vínculos surgían cuando -por la forma de ejecutar una actividad- ésta afectaba el costo o la efectividad de las otras. Estos vínculos resultaban de importancia debido a que creaban compensaciones (trade-offs) en la ejecución de distintas actividades que debían ser optimizadas. Por ejemplo, la inspección de calidad -a lo largo de la producción- podía ser muy costosa, aunque contaba con cierta incidencia en la reducción de los costos del servicio pos-venta.

Adicionalmente, afirmó que las nuevas maneras de ejecutar las actividades permitían ganar ventajas competitivas a través del empleo de nuevos procedimientos, nuevas tecnologías y diferentes insumos.

De otro modo, los vínculos también demandaban que las actividades fueran coordinadas. La vinculación y coordinación de las actividades permitía reducir su tiempo de ejecución y -por ende- el costo de las transacciones correspondientes. También, proporcionaba mejor información con fines de control y reemplazaba actividades costosas -en una operación- por otras más económicas.

Otra fuente de mejoramiento de la posición competitiva se relacionaba con la reconfiguración de la CV mediante la reasignación, el reordenamiento, reagrupamiento e –inclusive- la eliminación de actividades.

El sistema de valor -que comprende las distintas CV- representaba una temática adicional introducida en el análisis, el que comprendía al proveedor, a la firma, a los canales de distribución, llegando a los clientes. Ejemplificaba el uso de la práctica japonesa del kanban, la que consistía en la mejora en la frecuencia y los tiempos de entrega de los proveedores, cuyos beneficios se relacionaban con reducir el costo de transporte y el nivel de inventario. Similarmente, enfatizaba que los beneficios del buen manejo de los vínculos o su coordinación en el sistema de valor se extendían a muchas otras actividades de la cadena, permitiendo -tanto a la firma como a sus proveedores y canales de distribución- aprovechar, en conjunto, dichas ventajas.

A su vez, atribuía al adecuado manejo de esta cadena la ventaja de diferenciación. Así, por ejemplo, la firma podía crear valor en su cliente si el producto comercializado ayudaba a disminuir sus costos de operación o a elevar su eficiencia.

De otro modo, era posible alcanzar la diferenciación a través de alianzas sobre participación conjunta en proyectos de investigación y desarrollo con los proveedores y aprovechar ventajas de economías de alcance. En ellas, la firma participaría colaborando en el desarrollo de ciertas actividades como el uso compartido de fuerza de ventas, marcas, redes de marketing internacional y adquisiciones compartidas, entre otras.

Kaplinsky (2001) sugería una escuela alternativa denominada Competencias Dinámicas, la que utilizaba algunos conceptos de la herramienta. Proponía que el crecimiento económico sostenido se debía a la capacidad de innovación y a la velocidad con que se la implementara en comparación con la competencia. Esta capacidad de la organización se denominaba "upgrading" o actualización y se desarrollaba como un proceso que comprendía las siguientes fases:

- Actualización de procesos, que incluía mejorar los procesos internos, tanto a nivel de vínculos en la cadena de valor, así como entre ellos. Como ejemplo del primer caso, el autor se refirió a la mejora en la rotación de inventarios y a la reducción de desperdicios, y —como ejemplo del segundo- a la mejora de la frecuencia y la puntualidad de entregas de productos terminados.

- Actualización del producto, referida a mejoras a productos existentes o introducción de productos nuevos, tales como cambios en el proceso de su desarrollo y -por tanto, también- implicaba cambios en los vínculos y en las relaciones entre ellos.

- Actualización funcional, que se presentaba cuando la empresa se encargaba de nuevas actividades o suprimía aquellas sobre las que ejercía control directo.

- Actualización de la CV, en la que proponía un cambio completo en la misma, presentándose —típicamente- cuando se introducían cambios tecnológicos radicales.

Aplicación de la herramienta en Empresas Pymes.

En otra parte de su propuesta, Porter (1990) exhortó a destruir ventajas tradicionales y a crear algunas de orden superior. Ciertas empresas lo hacían cuando las viejas ventajas evidentemente quedaron obsoletas o cuando firmas pequeñas -no ligadas a su historial- se convertían en innovadores y nuevos líderes. Estas firmas, sin la herencia de estrategias e inversiones anteriores, estaban en condiciones de adoptar la nueva estrategia a un costo más bajo.

Kaplinsky (2001) destacó la utilidad de la herramienta para productores nuevos, especialmente en países pobres que intentaran insertarse en mercados globales. Atribuía su importancia a la actual relevancia de la competitividad sistémica, a la eficiencia en producción y a la comprensión de los factores dinámicos incluidos en toda la CV.

Reseñó que -después de los años setenta- se popularizó el abordaje de los sistemas de producción intra-planta e intra-firma. De esta manera se podría sacrificar cierta ineficiencia en algún punto específico de la producción a los fines de ganar eficiencia en la planta. Así, por ejemplo y con el fin de mejorar la competitividad, entendía que la reducción de inventarios devenía clave. Para ello, los trabajadores -en un área- continuarían trabajando solamente si la siguiente fase de producción requiriera material en proceso, caso contrario el trabajador o la unidad de producción debería detenerse. A pesar de sacrificar la productividad en dicha unidad, el beneficio se lograría a nivel integral puesto que se reducirían los inventarios, pudiéndose enfatizar la calidad de los productos y la capacidad de respuesta de la firma.

Otra oportunidad de aplicar la herramienta fue abordada por Romero (2009), quien afirmó que las Pymes con tecnologías flexibles estaban mejor posicionadas, permitiéndose ser proveedores especializados de diversas CV. Sugirió que las Pymes podrían alcanzar un mejor posicionamiento mediante diferenciación en términos de intangibles, tales como la tecnología y el conocimiento. Sin embargo, estas cualidades podían evidenciarse con mayor facilidad en las multinacionales o grandes corporaciones, ya que éstas solían desarrollar competencias en conocimiento especializado frecuentemente aplicable al diseño y marketing.

Ventajas de la aplicación de la herramienta.

Distintos autores remarcaron ventajas de la aplicación de esta herramienta. Así, Porter (1985) señaló que -su utilización apropiada y, especialmente, el análisis del desempeño de las actividades- permitía comparar y evaluar los costos relativos con el de los competidores, así como determinar si aportaba a las necesidades de los clientes, y -por tanto- a la diferenciación.

A su vez, Kaplinsky (2001) afirmó que el análisis de la CV ayudaba en la identificación de la naturaleza y extensión de las barreras de entrada, proveyendo una perspectiva destinada a provocar un enfoque en tales barreras. Lo positivo de la herramienta era que lograba estos objetivos sin abandonar la perspectiva de las competencias básicas y dinámicas de las firmas.

Desventajas y limitaciones de la aplicación de la herramienta.

Senge (2000) afirmó que la filosofía de la CV conducía a aprovechar -al máximo- el valor creado en función de las condiciones del mercado y, por tanto, obstruye directamente la libre competencia. Particularmente, esto se ponía de manifiesto al momento de utilizar el poder de negociación sobre otras firmas o en la creación de barreras de entrada. Asimismo, consideraba que esta filosofía alentaba un juego de suma cero e inhibía la capacidad de innovar de la empresa y -por tanto- transferir el valor creado a la sociedad.

La crítica realizada por el autor remueve uno de los principios básicos que se señala en el management, referido a la creación y maximización de valor para el accionista (Fields, 2009). Por tanto, sería dable asumir que su observación ha sido realizada desde una óptica eminentemente socialista.

A partir de las clarificaciones y argumentaciones expuestas, en el siguiente cuadro se presenta un resumen de la herramienta descripta precedentemente:

Cuadro 14: Análisis de la Cadena de Valor (CV).

Descripción
El análisis de las actividades, sub-actividades y la forma en que se ejecutan en relación con la competencia permite identificar ventajas competitivas.

Aplicación
Las mejoras en coordinación y reconfiguración de la CV representan fuentes potenciales de ventajas competitivas.
La extensión del análisis al sistema de valor permite aprovechar ventajas a través de la cadena mediante acuerdos o alianzas con clientes o proveedores.
Si las Pymes cuentan con acceso a tecnologías flexibles, pueden convertirse en proveedores especializados en un sistema de valor específico.

Ventajas
Permite evaluar -en comparación con los competidores- el desempeño de las actividades en términos de costos y diferenciación.
Permite identificar la extensión de las barreras de entrada y su explotación.

Desventajas
La filosofía de la CV puede obstruir la competencia e inhibe la capacidad de innovar, lo que repercute en el valor que se puede generar para la sociedad.

De acuerdo con el cuadro anterior, se concluye que el análisis de la CV representaba una técnica importante a ser utilizada por las Pymes ya que permitía evaluar el poder competitivo, tanto en costos como en diferenciación. A partir de su análisis, resultaba posible la identificación de fuentes adicionales de ventaja competitiva a través de la introducción de mejoras en coordinación o su reconfiguración.

2.2.4 El Mapeo del Sistema de Actividades (MSA).

Sostener ventajas competitivas no resultaba una tarea fácil para las empresas. En este sentido, Morris (2003) afirmaba que una de las condiciones a los efectos de lograr sostenibilidad en las ventajas competitivas consistía en la existencia de congruencia interna y externa en las actividades que se efectuaran. La primera, se refería a la coherencia que debía existir en la configuración de las actividades al interior de la firma, mientras que la segunda se relacionaba con cuán apropiada resultaba dicha configuración con las condiciones del ambiente externo.

Con el fin de cumplir con el primer objetivo, el MSA devenía en una herramienta analítica de fundamental eficacia. De ahí que Porter (2011) considerara que el modo en que una firma realizaba sus actividades y cómo interactuaba y se relacionaba con otras, hacían a la fuente de ventaja competitiva sostenible. Adicionalmente, sostenía que una estrategia exitosa abarcaba el sistema de actividades completo, no debiendo ser observado como una mera agrupación de las partes. Por tanto, concluía que "la ventaja competitiva de la firma se origina en la forma que encajan sus actividades y cómo ellas se refuerzan unas con las otras." (p. 20).

Tales actividades deben combinarse y ejecutarse de forma tal que facilitara la creación de valor económico. Por ejemplo, la forma que se ejecutaba una actividad podía disminuir el costo de ejecutar otra. Además, el valor que se creara para los clientes podía ser acrecentado gracias a la ejecución de otras actividades.

Descripción de la herramienta.

Porter (2011) explicó que el sistema de actividades contenía un conjunto de actividades diseñadas a los fines de alcanzar una posición estratégica específica. De este modo, cuando una compañía detentaba una posición estratégica clara, se podían identificar -en el MSA- las competencias básicas que se referían a temas de primer orden, pudiendo ser implementadas mediante grupos de actividades estrechamente conexas.

Metodología de la herramienta.

Las ventajas competitivas clave de que disponía la firma representaban un tema central en los planteamientos de Porter (2011). Las mismas abarcaban temáticas tales como competencias básicas que se manifestaran en formas exclusivas para ofrecer el producto o servicio, o —también- recursos clave. Tanto las competencias básicas como los recursos clave —resaltados especialmente a efectos de poder ser distinguidos de los restantes- se los debía concatenar con opciones estratégicas a efectos de lograr las ventajas competitivas propuestas.

A modo de ejemplificación proponía temas tales como concentrarse en el canal de distribución seleccionado o en el rango o variedad de productos ofrecidos.

Asimismo, graficaba las actividades conexas, identificando cuáles eran las que guardaban relación directa con cada competencia básica, las cuales debían ser colocadas alrededor de dichas competencias. Su evaluación permitiría calificar cuáles de las actividades estaban reforzando o debilitando el sistema y su grado de interacción con las otras competencias indicando su grado de contribución e incidencia en el sistema en general.

En el siguiente gráfico se observa lo apuntado a efectos de su clarificación. El mismo ha sido desarrollado en base al mapeo del sistema de actividades propuesto por el autor para la aerolínea South West, en el que demostró que su sistema de actividades era congruente con la estrategia de liderazgo en costos.

Gráfico 5: Mapeo del Sistema de Actividades tipo.

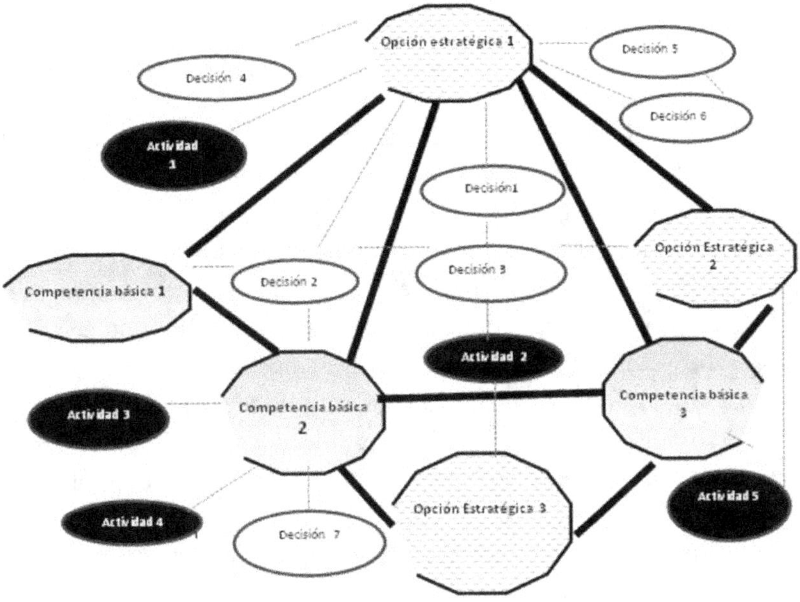

Fuente: Elaboración Propia

Los MSA resultaban útiles a los fines de examinar la congruencia en la estrategia y evaluar su fortaleza o debilitamiento. Se sugería que el proceso de evaluación debía incluir preguntas tales como:

- ¿Resulta cada actividad consistente con la posición en general, la variedad producida, las necesidades atendidas, y el tipo de clientes cubiertos?

- ¿Conocen los responsables de cada actividad cómo otras actividades relacionadas pueden mejorar o dañar su desempeño?

- ¿Existen formas de fortalecer las actividades y grupos de ellas?

- ¿Puede algún cambio a introducirse en una actividad eliminar la necesidad de ejecutar otras?

Aplicaciones y contribuciones de la herramienta.

Porter (2011) sostenía que mientras la efectividad operacional trataba de lograr la excelencia en actividades individuales, en estrategia devenía prioritario la combinación que se hiciera de ellas. Utilizó a la empresa South West como ejemplo, en donde su estrategia genérica de liderazgo en costos se relacionó con la disminución del costo de una actividad específica gracias a la forma en que otras actividades eran ejecutadas.

Similarmente, sugirió que el valor generado en ciertas actividades podía ser incrementado gracias a las otras actividades de la compañía. De esta manera, la congruencia en la estrategia creaba ventajas competitivas y rentabilidad superior. Así, la Dirección típicamente se enfocaba en las competencias básicas, y en los recursos y los factores críticos del éxito, en vez de observar a la compañía en modo integral.

Al referirse a la influencia de algunas actividades sobre otras, citó -como ejemplos de competencias básicas- el contar con una fuerza de ventas sofisticada o una tecnología superior, las que se podían potenciar si se realizaban apropiadas actividades de marketing que enfatizaran el servicio al cliente. En modo similar, señaló que una línea de producción con gran variedad de modelos lograba tener mayor valor cuando se combinaba con un sistema de producción de inventarios que minimizara el aprovisionamiento de producto terminado.

Profundizando el análisis, indicó que existían tres tipos de congruencias o consistencias que no eran mutuamente excluyentes, a saber:

1. Consistencia simple de actividades, existente entre cada actividad o función con la estrategia general. Aseguraba que las ventajas competitivas se agregasen, sin eliminarse entre sí, facilitando la comunicación de la estrategia hacia los clientes, socios y empleados, así

como su implementación.

2. Consistencia cuando las actividades se refuerzan. A efectos de su mejor compresión utilizó como ejemplo a la corporación BIC, cuyo producto de bajo precio atiende todos los mercados posibles, utilizando un abordaje de marketing de amplio alcance; o sea, una fuerza de ventas muy amplia y una publicidad televisiva intensiva. Esta compañía se beneficiaba de los beneficios de la congruencia con otras actividades como las de diseño de producto que enfatizaba simplicidad de producción, la configuración de plantas de bajo costo, las compras de insumos en escala y la producción de ciertos componentes al interior de la compañía. Resultaba visible -por tanto- que algunas actividades se reforzaran entre sí y -de esta manera- la combinación del manejo de puntos de venta, la publicidad intensiva y los cambios en el empaque producían mucho más impulso de compra que cualquier actividad podría por sí sola.

3. Optimización del esfuerzo. El tipo más básico de optimización estaba representado por la coordinación y el intercambio de información entre actividades, lo que resultaba importante a los fines de eliminar la repetición de esfuerzos. Señaló algunas de mayor nivel, tales como las opciones en el diseño del producto que permitiría eliminar los servicios post-venta o configurarlo de forma tal que se convirtiera en un autoservicio. A su vez, mencionó la coordinación con proveedores o canales de distribución que podían eliminar la necesidad de ciertas actividades, tal como entrenamiento al usuario final.

Para el autor, tratar de explicar el éxito de compañías competitivas podía ser desorientador si se utilizaban como variables las fortalezas individuales, las competencias básicas o los recursos críticos. Recomendó -por tanto- pensar en términos de aspectos que influyeran en muchas actividades, como costos bajos, nociones de servicio al cliente y cómo ellas se vinculaban.

Enfatizó –además- que si el posicionamiento de una compañía se basaba en la congruencia de su sistema de actividades de segundo y tercer orden, su ventaja sería más sustentable. Dicha ventaja produciría –principalmente- barreras a la imitación formidables, aunque alcanzar congruencia resultaba difícil debido a que se requería integrar las decisiones y acciones a través de muchas sub-unidades independientes. También, observó que la congruencia de actividades creaba presiones e incentivos con el fin de mejorar la efectividad operacional, lo que hace aún más difícil la imitación por parte de los competidores.

Finalmente, recomendó que la posición estratégica debe contar con un horizonte de una década o más, sin limitarse a un sólo ciclo de planeación, lo que podría ser cuestionado debido a la alta velocidad del cambio y el acortamiento de los ciclos de negocio.

A modo conclusivo, se puede puntualizar que la mejora en el sistema de actividades permite crear capacidades únicas adaptadas a la estrategia de cada firma. Sin embargo, se advierte que los cambios continuos en el posicionamiento son muy costosos debido a que es requerida la modificación de la configuración o la necesidad de realinear el sistema completo.

Aplicación de la herramienta en empresas Pymes.

Morris (2003) indicó que las Pymes y -especialmente aquellas emprendedoras en una etapa inicial- arrancaban con modelos de gestión parcialmente formados. En esta etapa, el modelo de prueba y error sería más frecuente antes de establecer cuáles eran las competencias básicas. Sin embargo y a medida que el tiempo avanza, resultaba muy probable que su visión se volviera más estratégica.

Agregaba que -en sus etapas iniciales- la firma podía adoptar reglas al azar e inclusive desviarse del modelo inicial, introduciendo elementos que podían ser inconsistentes con los ya establecidos. En realidad, el conjunto de actividades -potencialmente más productivo- no devenía visible debido a la poca experiencia en el mercado, siendo -por tanto- la visión del directivo el único recurso disponible en esa fase.

Sin embargo, con posterioridad llegaba un momento en que adoptar un modelo formal se hacía necesario por lo que -cuando la firma alcanzara un nivel de madurez en su concepción estratégica- su sistema de actividades debería ajustarse, tomando caminos descritos por Siggelkow (2002) como de aumento, refuerzo o eliminación en su sistema de actividades.

Finalmente, destacaba que -cuando los cambios en el ambiente eran radicales- el sistema, a veces, no soportaba una re-calibración, volviéndose necesaria una nueva construcción o configuración.

Ventajas de la aplicación de la herramienta.

La herramienta presentaba ventajas si era aplicada en forma apropiada.

Porter (2011) consideró fundamental la visualización de la estrategia en términos de su sistema de actividades, lo que requería el entendimiento de la estructura organizacional y de los sistemas y procesos que la componían. De este modo, estructura, sistemas y actividades se encontrarían plenamente emparentados con la estrategia específica que se pretendiera llevar adelante.

Además, indicó que el análisis de las actividades y la introducción de nuevos elementos o la reconfiguración definitiva del sistema en su conjunto, permitirían dar mayor posibilidad de dotar a la firma de ventajas competitivas sustentables.

Desventajas y limitaciones de la aplicación de la herramienta.

Morris (2003) indicaba que el MSA contaba con muy poca aplicabilidad en circunstancias tales como en las etapas iniciales del negocio y en el caso de emprendimientos. Esto era debido a que estaban en plena formación y delimitación las competencias básicas que pretendían instalarse.

En nuestra opinión, sin embargo, si la inteligencia interna y los recursos de la Pyme lo permiten -aún en etapas de formación- la evaluación del sistema de actividades de los principales competidores permitiría distinguir competencias y sus elementos conexos que servirían -mediante analogía- a los fines de evaluar el potencial de la firma, adquirir dichas competencias o utilizar otras que ayudarían a crear una configuración propia.

Se puede concluir que el MSA puede ser muy valioso para las Pymes ya que ayuda a reconocer el nivel de congruencia entre las actividades y a evaluar la posibilidad de adquirir nuevas ventajas competitivas a través de las mejoras en coordinación u optimización de su sistema.

En el siguiente cuadro se plantean los principales conceptos expuestos que resumen la presente herramienta:

Cuadro 15: El Mapeo del Sistema de Actividades (MSA).

Descripción
Mediante círculos grafica las competencias básicas de la firma y las conecta con líneas resaltadas. Las actividades conexas son representadas como elipses.

Aplicación
La herramienta busca la congruencia de actividades, especialmente las de tipo segundo y tercer orden que se refieren al refuerzo en la combinación de actividades. También, busca la optimización de las actividades.
Su objetivo se relaciona con dotar -a la firma- de ventajas competitivas sostenibles.

Ventajas
A los fines de crear competencias únicas que lleven a ventajas competitivas sostenibles, permite examinar la congruencia interna y reconocer las incongruencias en el sistema que deban ser modificadas o corregidas.
El objetivo final se refiere a la creación de capacidades únicas y ventajas no alcanzables por los competidores.

Desventajas
Cuenta con poca aplicabilidad en las fases iniciales de la empresa, por cuanto las competencias básicas —comúnmente- no se encuentran aún definidas y delimitas.

2.3 Conclusiones

En el presente Marco Teórico se han caracterizado las principales herramientas disponibles para el análisis estratégico -aplicables a las Pymes- y, a su vez, se ha planteado la utilidad y las limitaciones de cada una de ellas. A continuación, se ofrece un resumen de los principales conceptos que pueden extraerse del mencionado análisis:

- Las Pymes requerían de la identificación de los principales factores que afectaran a su sector industrial. Este ejercicio de análisis se encontraba justificado -aún en casos en que se observaban velocidades vertiginosas de transformación y cambio- debido a que las condiciones y tendencias de una industria solían contar con horizontes de unos tres a cinco años. A su vez, los cambios cíclicos o de temporada no debían convertirse en una excusa para negar las bondades de este análisis.

- Las ventajas de diferenciación —basadas en el mejoramiento continuo en la ejecución de los procesos y de aplicación de innovaciones- requería que las Pymes incorporasen elementos que les eran propios, tal el caso del aprovechamiento de sus estructuras más planas y flexibles, y de sus equipos más adaptables. Estos mismos equipos eran los que podían dotar de la inteligencia requerida a efectos de monitorear las actividades de la competencia y facilitar el diseño de estrategias emergentes.

- Las herramientas recomendadas por el estado del arte –claramente- se enfocaban en una de las siguientes dos direcciones: a) al ambiente externo y sus implicancias en la competitividad de la firma, o b) en sus capacidades y competencias internas. Sin embargo, no se evidenciaba que existiera consenso en cuanto al criterio para integrar este tipo de herramientas. El camino que usualmente era definido en el campo de sistemas a través de la conexión entre las herramientas y sus variables estaba aún pendiente de ser trazado y consensuado.

- Tampoco, existía consenso sobre un proceso unificado destinado a utilizar –secuencialmente- las herramientas de análisis estratégico en la etapa de formulación de la estrategia. Sin embargo, si se consideraban las sugerencias realizadas por los diversos autores sobre las conexiones que existían entre las herramientas, podría recomendarse la utilización en el siguiente orden:

  o Ejecutar el análisis de las cinco fuerzas de Porter y de los factores relevantes del PEST, alimentando luego -con esta información- el análisis FODA.

  o Complementar el análisis de la estructura del mercado, utilizando la Matriz de Ansoff.

  o Evaluar la competitividad en base a las actividades, competencias y congruencia con el ambiente externo utilizando el análisis de la CV y el MSA.

  o Las 5 fuerzas de Porter bien podrían oficiar de clara conexión entre la evaluación del ambiente interno y externo, a través de los siguientes análisis:

    a) Compatibilidad del resultado del análisis producto-mercado con las estrategias genéricas de Porter.

    b) Capacidad de la empresa a efectos de reforzar su posicionamiento competitivo a través de cambios o reconfiguración de su CV.

    c) Congruencia del sistema de actividades con la estrategia genérica y capacidad de reforzar u optimizar el sistema.

- Las herramientas enfocadas al análisis del ambiente externo -como el FODA y las cinco fuerzas- mostraban mayores cualidades tendientes a emplear abordajes de mayor complejidad. Se cita -como ejemplos- el caso de los algoritmos matemáticos y de gestión del conocimiento, destinados al aumento de su eficiencia u optimización de un objetivo específico.

- Existían mayores oportunidades de incrementar la posición competitiva en las Pymes al ser utilizadas las variables que estaban bajo su control y que se relacionaban con el interior de estas empresas, aunque las mismas se mostraban débiles si se enfrentaran problemáticas externas complejas. Un posicionamiento más efectivo podía provenir de un análisis de posibles mejoras a introducir en la CV interna, como también de aprovechar las ventajas de coordinación u optimización en el sistema de actividades, aunque esto no garantizaría el éxito en la formulación o ejecución de una estrategia.

- Los análisis y revisiones que hacían a la dirección en las Pymes debían incluir los objetivos de largo plazo y la visión estratégica, la que debía estar alineada al monitoreo operativo y de corto plazo desde la fase inicial del negocio.

- La mayor parte de las herramientas contaban con críticas por carecer de metodología para aplicar un análisis dinámico. Sin embargo, existían muy pocas propuestas que buscaban corregir esta falencia. Los esfuerzos realizados por la teoría de juegos parecían ser de poca utilidad, principalmente por no enfocarse en fortalecer la posición competitiva.

En el presente Capítulo, se ha enfocado el análisis de herramientas de análisis estratégico, mostrando las ventajas y desventajas que ofrecían, de acuerdo con distintos autores.

En el próximo capítulo, Marco Investigativo, son propuestas las distintas técnicas de recolección de datos que han sido utilizadas a los efectos de verificar lo que sucedía en el campo y ayudar en el estudio de lo propuesto en los objetivos e hipótesis de esta investigación.

CAPÍTULO 3
MARCO INVESTIGATIVO

En el Capítulo anterior se han presentado distintos conceptos que fundamentaron la base teórica que ha guiado la presente investigación.

En el presente Marco Investigativo será abordado un trabajo de campo que se ha basado en tres técnicas de recolección de datos y -tal lo expuesto en la Introducción al respecto de la triangulación metodológica utilizada- han permitido garantizar los resultados de este trabajo.

De este modo, esta parte del trabajo se ha soportado en una encuesta a Pymes, entrevistas a informantes-clave y el análisis del caso de una empresa, los que han permitido complementar la propuesta teórica abordada. Al final del capítulo se presentan las conclusiones surgidas del análisis de la presente investigación de campo.

3.1 Encuesta a las Pymes de Quito, Ecuador

Esta encuesta ha sido elaborada con la finalidad básica de conocer si las Pymes de la muestra utilizaban una o varias herramientas de análisis estratégico, así como también, evaluar su contribución en la formulación de la estrategia general de estas empresas.

Se ha planteado como objetivos accesorios conocer cuáles representaban los recursos adicionales y las acciones principales que utilizaban con el fin de mantener o generar ventajas competitivas sostenibles.

Finalmente, se ha hecho énfasis en el uso de indicadores de posición competitiva que pudieran ser considerados claves y que pudieran servir como un benchmark a efectos de medir no sólo su posición, sino su capacidad de enfrentar acciones de la competencia y aprovechar oportunidades que pudiera presentar el mercado en el futuro.

Esta encuesta consta de quince preguntas cerradas y cuatro abiertas, las cuales han sido aplicadas por correo electrónico (Ver Anexo I, Formulario de encuesta a los CEO y ejecutivos de Pequeñas y Medianas empresas (Pymes). Se aclara que se ha podido obtener la respuesta de algunas de ellas mediante entrevistas directas, dado que algunos ejecutivos prefirieron esta modalidad de participación a fin de conocer más detalles sobre la investigación. Esto ha permitido ahondar en algunas problemáticas que han permitido mayores conocimientos y riqueza en las mismas.

Caracterización de la muestra analizada.

El objetivo de este apartado consiste en proveer de mayores detalles al respecto de la muestra de empresas que han participado en el presente trabajo de campo. Estas empresas han ayudado a obtener datos valiosos que pudieran ayudar a desenvolver la presente investigación.

De este modo, se ha logrado el mayor alcance posible a partir de las empresas participantes, las que han aportado criterios cualitativos sobre las ventajas en la utilización de herramientas de análisis estratégico o -en su defecto- las razones que justificaran la utilización limitada de las mismas. Finalmente, se ha obtenido la percepción que podían tener de tales herramientas como medio para mejorar su posición competitiva.

La muestra final resultante –y aclarando que en Ecuador el grado de respuesta resulta muy bajo ante cualquier tipo de encuesta y, menos aún, las que se realizan a empresas- se considera aceptable a los efectos del análisis que se pretendió.

Los formularios de la encuesta han sido enviados a un total de sesenta empresas Pymes, clasificadas de acuerdo con la definición que consta en el Anexo I y cuyo domicilio formal estaba radicado en la ciudad de Quito, Ecuador. De esta manera, se ha conformado una muestra final con treinta de ellas que han respondido (Ver el detalle de las empresas encuestadas en el Anexo II, Control de la encuesta). De este grupo, dos de ellas eran representativas de las Pymes en sus sectores; una correspondía a importación de lentes y –la otra- a importación de insumos médicos.

Las empresas incluidas en la muestra eran –preponderantemente- de origen nacional, excepto una de servicios petroleros (Swanberg Int.) cuyo capital era estadounidense, siendo la única que contaba con operaciones en el exterior. Se ha incluido –además- una Pyme de suministros de diagnóstico y productos clínicos (Cimed) que abrió operaciones en un país limítrofe en el año 2014.

Esta muestra comprende diversos sectores conforme se observa en el siguiente cuadro:

Cuadro 16: Sectores industriales de la muestra.

Sector Industrial	Cantidad	Peso relativo en %
Agricultura	3	10
Comercio al por menor	1	3
Servicios de salud	5	18
Importación de insumos médicos	1	3
Construcción	3	10
Servicios turísticos	3	10
Manufactura	3	10
Metalmecánico	1	3
Productos ópticos	1	3
Instalación de muebles modulares	2	7
Textil y diseño de ropa	2	7
Servicios de consultoría	3	10
Servicios petroleros	1	3
Importación de calzado	1	3
TOTALES	30	100

De este modo, los objetivos pretendidos a partir de la muestra seleccionada incluyeron:

- La búsqueda de una mayor diversidad en el ámbito de actuación de la Pyme, orígenes y sectores industriales de las empresas.
- En relación a las herramientas de análisis estratégico:
  - o Verificar el grado de concientización respecto de la existencia y utilidad de las herramientas de análisis estratégico,
  - o Comprender el grado de importancia dada como eje a los fines de analizar opciones,
  - o Servir de guía, tanto para las decisiones relevantes de las áreas funcionales, como de las distintas acciones encaminadas a mejorar incremental o radicalmente las competencias que soporten las decisiones estratégicas,
  - o Establecer su conexión con los indicadores o métricas que utilicen para evaluar el rendimiento en función a su estrategia.

Se aclara que la presente investigación partió de la hipótesis planteada aunque se ha cuidado que ésta no influyera en el desarrollo general para no limitar las conclusiones finales o su cercanía con la realidad.

Caracterización de las respuestas.

Las observaciones que se aluden en este apartado están soportadas en las respuestas de las empresas analizadas.

Se observa que -a pesar que todas las empresas de la muestra consideraron que la utilización de herramientas de análisis estratégico podía reforzar su posición competitiva- el 67% de las firmas no utilizaban herramienta alguna, no respondiendo a un sector industrial específico.

En las empresas que eran empleadas este tipo de herramientas, las mismas eran utilizadas por quienes ejercían la función de Gerencia General, acompañadas por la Gerencia Financiera, excepto el caso de la empresa de servicios de consultoría en tecnología y procesos que prefería acompañar esta tarea con la experiencia de la Gerencia de Ventas. Esta última circunstancia se explicó en razón que su intención estratégica era la de expandir el mercado en las principales plazas del país.

Asimismo, se verificó que el plazo de vigencia más frecuentemente utilizado para formular o revisar la estrategia era de dos años.

Las empresas que utilizaban estas herramientas mencionaron que las variables económicas y tecnológicas eran las que contaban con más incidencia en su desempeño debido a que sus productos o servicios estaban dirigidos a crear valor y diferenciarse de sus competidores en calidad y tecnología, comandando un precio inclusive mayor que el de sus competidores más cercanos.

El análisis FODA y la CV se presentaban como las herramientas comúnmente utilizadas por todas ellas. Aquellas que utilizaban el FODA lo hacían –principalmente- a través de la metodología de la lluvia de ideas entre sus principales ejecutivos y colaboradores. La CV ha sido utilizada por dos empresas medianas: Centro Óptico Indulentes (Importación productos ópticos) y Cimed (Importación de suministros médicos), ya que -en la última década- han visto la necesidad de mejorar u optimizar sus procesos y la han utilizado -en su fase inicial- a los fines de poder identificar aquellas actividades y sub-actividades clave que permitieran establecer precios mayores para sus productos de alta gama o de tecnología avanzada. Adicionalmente, el Grupo Ideas (empresa de servicios de consultoría gerencial), también ha manifestado utilizarla, siendo la herramienta parte de su oferta de servicios, tanto en el área de capacitación como en el de análisis.

También, si bien la utilización de herramientas resultaba incipiente, constantemente se evaluaban las acciones más visibles realizadas por la competencia y -para ello- los recursos más utilizados eran las conexiones existentes con clientes y proveedores. El 75% de empresas que usaban al menos una herramienta, incluían -en la visita a clientes- actividades dirigidas a averiguar nuevas acciones de la competencia, principalmente en términos de servicio, calidad y promociones.

Similarmente, las empresas que utilizaban a los proveedores como una de las principales fuentes de información de la competencia tenían el apoyo de éstos en forma sistemática. Como ejemplo, es posible citar a Sicsas (Consultoría en Procesos), que disponía de información periódica de su competencia -al menos en forma semestral- y comparaba la calidad y la atención al cliente debido a que su proveedor —Oracle, de productos tecnológicos, cuya matriz se encontraba en Estados Unidos- monitoreaba estos parámetros para rankear a los socios en cada país e incorporar esta información en su sistema de incentivos económicos y reconocimientos públicos.

Al ser su utilización marginal, no se ha podido establecer -a partir del análisis de la muestra- una tendencia que marcara un orden a los efectos de la aplicación de herramientas tales como Análisis FODA, CV, PEST, las cinco fuerzas de Porter, la matriz de producto/mercado, que pudiera facilitar la visualización y justificación de un orden sistemático en la aplicación de dichas herramientas.

Como se mencionó al inicio del presente apartado, el 67% de las empresas no utilizaban herramientas de análisis estratégico alguno. Sin embargo, todas las empresas han realizado inversiones en áreas que fueron consideradas de excelencia, las que se han vuelto clave a efectos de mantenerse competitivas. Por ejemplo, al menos el 50 % de ellas, ha realizado inversiones en áreas de tecnología y marketing.

Solamente, siete empresas utilizaban herramientas de análisis estratégico, dos de ellas Centro Óptico Indulentes (Importación de Productos Ópticos) y Cimed (Importación de Suministros Médicos) las utilizaban para obtener indicadores de posición competitiva como la participación en el mercado y otra -Sicsas (Consultoría en Procesos)- desarrollaba indicadores propios en base a la información provista por su proveedor de la plataforma tecnológica (Oracle) como -por ejemplo- el número de implementaciones de sistemas exitosos, la cantidad de certificaciones alcanzadas y la categoría de socio según la calificación conferida por el proveedor en relación con sus competidores.

Según la información recogida, las siete empresas que utilizaron al menos una de las herramientas evidenciaron mejoras en sus indicadores de posición competitiva o -al menos- mejora en sus volúmenes de ingresos de entre un 20 y un 40%.

A pesar de la utilización limitada de las herramientas y según lo entendido por sus ejecutivos, todas las empresas incluidas en la muestra habían realizado mejoras en sus negocios como resultado de haber aplicado pensamiento estratégico. A su vez, las actividades de diferenciación de sus productos o servicios se lograron —fundamentalmente- a partir de acciones encaminadas a aumentar la brecha entre la voluntad de pago de sus clientes y los costos de oportunidad, como también, aumentando su influencia en la negociación con los proveedores.

Finalmente y en los últimos tres años, todas las firmas han introducido mejoras de tipo incremental o radical en sus negocios. Las de tipo radical se han enfocado a los procesos clave y a la ejecución de actividades de marketing; las incrementales a la mejora del diseño de los productos, a la ejecución de las actividades de marketing y a la adquisición o mejora de la tecnología, las cuales han sido ejecutadas por el 50% de las empresas.

3.2 Entrevistas a informantes-clave

Con el fin de complementar la investigación, se ha recurrido a distintas entrevistas con especialistas y ejecutivos consultados (Ver Anexo III -Guía de entrevistas a informantes-clave). Asimismo, se recalca que estas entrevistas se han desarrollado en un ambiente acorde y afín a los informantes-clave a efectos de no influir en las respuestas dadas. Se ha concurrido con preguntas semi-estructuradas -mostradas en el mencionado Anexo- las que han oficiado como disparadores a los efectos de obtener la mayor información posible que oficiara como soporte a las observaciones y juicios que fueran presentados.

Dos de los consultores entrevistados concordaron en que —generalmente- los directivos de las Pymes no aplicaban herramientas de análisis estratégico. Prácticamente, la más utilizada era el análisis FODA, cuya frecuencia de utilización no superaba el 10% de su cartera de clientes. Por otro lado, un escaso 3% aproximado de sus clientes utilizaba la CV, la que era aplicada en negocios industriales o de producción.

En concordancia con la afirmación del párrafo precedente, el Presidente de la Cámara de la Pequeña y Mediana Empresa de la provincia de Pichincha, donde se encuentra localizada la capital ecuatoriana, sostuvo que las Pymes utilizaban muy esporádicamente estas herramientas. Para ello, su Dirección de Capacitación había invitado a consultores y miembros de la Cámara a participar en un ciclo de talleres de bajo costo sobre planes estratégicos con énfasis en el manejo de ventas. También, expresó que -a pesar de haber realizado distintos intentos a efectos de realizar varias investigaciones en los principales sectores que maneja la Cámara como el textil, el metalmecánico, la construcción, el gráfico y el químico, en conjunto con universidades e instituciones locales- la participación de sus socios ha sido muy limitada, lo cual les ha dificultado realizar investigaciones en temas de competitividad que cada sector ha definido como prioritario.

Uno de los consultores ha destacado que -si bien muy pocas Pymes en la ciudad de Quito utilizaban estas herramientas- existía un análisis que no era metódico ni formal, sino más bien empírico que incluía ciertos elementos intuitivos de corto plazo, utilizados por el pequeño empresario para valorar el ambiente y tomar decisiones. Entre ellos, se destacaban el nivel de rivalidad que existía en la competencia, así como la presencia de sustitutos. A criterio del entrevistado, la percepción e incorporación de estos factores en sus modelos mentales de decisión, muchas veces les eran de gran ayuda para generar decisiones que -aunque no óptimas- permitían -en algunos casos- incrementar su rentabilidad en el corto plazo.

Por otro lado, indicó que resultaba posible destacar que -la valoración de la presencia de sustitutos como variable preponderante en el empresariado de esta localidad- podría explicar, entre otros factores, su preferencia por reducir enfáticamente sus costos de operación y producción, tal como se señala en la Introducción de la presente investigación.

A pesar que los consultores entrevistados reconocieron -en consenso- que las herramientas de análisis estratégico podían generar opciones de formulación estratégica, su incipiente utilización -de acuerdo con su evaluación- era el resultado de la conjugación de varios factores, entre los que destacamos:

- Falta de conocimiento de las herramientas.
- Malas prácticas gerenciales.
- Falta de visión o de empoderamiento de la misma.
- Baja capacidad de detección de oportunidades. Mientras ellas no se

encontraran visiblemente latentes, por lo general no existía el interés por reconocer o evaluar su potencial.

- Falta de congruencia entre los objetivos de corto y largo plazo.
- Confianza excesiva en la intuición de la dirección y poca solicitud de ayuda a colaboradores o consultores.
- Renuencia a contratación de consultorías externas por cuanto los empresarios las consideraban de alto costo y no percibían como visibles los beneficios en el corto plazo.

En relación con los indicadores de posición competitiva -que podían utilizarse a los fines de medir la mejora en el desempeño- han mencionado el crecimiento en ventas y la rentabilidad sobre la inversión, a pesar que afirmaron que su utilización —en Quito- era casi nula.

Con respecto a las herramientas de análisis estratégico que podían contar con mayor aplicabilidad en las Pymes de Quito, todos los entrevistados han señalado a las cinco fuerzas de Porter y al análisis FODA, mientras que uno de ellos ha agregado al análisis de la CV como una herramienta que permitiría visualizar oportunidades a muchos negocios si se consideraban las ventajas de analizar tanto la configuración interna de la cadena como el sistema de valor integral, desde la fase de elaboración de insumos y componentes hasta la entrega final del bien o el servicio.

Adicionalmente, enfatizaron que -estas herramientas- podían ser aplicables a las Pymes si se las utilizara consistentemente con los objetivos y la visión de la empresa.

Resultado del análisis y comentarios.

Según lo señalado por los informantes-clave y -similarmente como lo demuestra la encuesta realizada a algunas Pymes en la ciudad de Quito- la utilización de las herramientas de análisis estratégico era muy escasa.

De acuerdo con los especialistas, los factores que influían en esta situación eran varios y de carácter estructural y afectarían -en mayor grado- a la pequeña empresa, por cuanto su falta de utilización se hacía más evidente.

Por otro lado, indicaron que las empresas medianas -en función a su crecimiento y percepción de mayor oportunidad de pasar a la categoría de grandes o corporativas- mostraban mayor concientización de la utilidad de estas herramientas, luego de haber experimentado cambios en su estructura, en su cultura y al exponerse a mayor presión por parte de clientes mejor informados y más exigentes, cuya lealtad a la marca se volvía clave a los efectos de generar operaciones rentables en forma sustentable.

Tales cambios han sido acompañados por una serie de acciones, tales como mejoras en sus procesos, adopción de sistemas y certificaciones de calidad, y mejoras en sus sistemas de información, los cuales les ha dado mayor oportunidad con el fin de aprovechar las ventajas de su aplicación, no sólo en la mejor formulación de estrategias, sino también, en el acceso a un mayor conocimiento y sabiduría para monitorearlas o replantearlas.

Así también, han planteado que las empresas pequeñas -además de ser afectadas por los factores apuntados- contaban con una focalización en la operación diaria y en la obtención de resultados palpables y de corto plazo casi en modo obsesivo. De este modo, daban prioridad –inclusive- a invertir en sistemas de información que ayudaran en la medición de sus resultados en términos perentorios.

A los efectos de concluir, han sugerido que –coyunturalmente- las exigencias internacionales de estandarización de información financiera y su exigencia por parte de las autoridades de turno, también contribuían a la concentración de esfuerzos en esta área relegando o dilatando la dedicación de su tiempo a la formulación y monitoreo de sus estrategias.

3.3 Análisis del caso: Empresa Indulentes S.A.[4]

La tercera técnica de recolección de datos de campo –empleada a efectos de ampliar y asegurar los resultados de este estudio- ha sido el análisis del caso de esta firma. A continuación se exponen los elementos obtenidos a partir de la reunión mantenida con los responsables máximos de la misma.

Antecedentes.

La empresa Indulentes fue establecida en abril de 1982, bajo el nombre de Óptica los Andes, con el aporte económico de María Teresa Ortiz y Carlos Aguilera.

Aprovechando sus competencias como optómetras la compañía realizó la apertura dos locales comerciales en el centro norte de la ciudad de Quito, en los que cuales se proveyeron de marcas importadas, principalmente de línea italiana.

---

[4] Los datos vertidos en este apartado han surgido de las entrevistas realizadas a los ejecutivos de la firma y de documentación y elementos que ellos nos han suministrado a los fines de mostrar cómo realizaban el proceso de formulación de la estrategia.

De acuerdo con los documentos de constitución, su objeto social se relacionaba con el negocio de la óptica, como también, la importación y comercialización de artículos ópticos, adaptación para lentes de contacto blando o duro y prestación de servicios en el campo de la optometría.

A mediados de la década de los '90, la calidez al brindar el servicio y la atracción de potenciales clientes -a través de servicios gratuitos de optometría- permitió la expansión, abriendo tres nuevos locales en el centro-norte de la ciudad de Quito.

A inicios del año 2000, la empresa decidió dar énfasis a su principal fortaleza, basada en brindar servicios optométricos de calidad para lo cual se contrataron optómetras certificados de primer nivel, independientemente de su nacionalidad. A su vez, decidieron enfocarse en productos de alta gama, convirtiéndose en los principales distribuidores del país de las marcas de la casa Luxótica, firma Italiana de alto prestigio. A posteriori, esta decisión les permitiría beneficiarse representando a otras marcas de prestigio del mercado internacional, tales como Rayban y Prada.

En el año 2010, la decisión fundamental se centró en renovar su imagen corporativa. Así, pasó de transmitir la imagen de una firma preocupada por la salud visual a otra que ha dado énfasis en la estética, de acuerdo con las tendencias y moda a nivel global.

Su crecimiento –a partir de la apertura de nuevos locales o la remodelación de los existentes en las principales ciudades del país- fue acompañado con la apertura de locales de lujo en los centros comerciales más importantes de Ecuador (los que están ubicados en Quito). Un fiel ejemplo de estos locales de alta gama se encontraba representado en El Paseo San Francisco, ubicado en uno de los valles satélites de la ciudad (Cumbayá). En sus urbanizaciones, esta zona concentraba a la población de mayores ingresos en la región interandina.

En el año 2011, la empresa renovó su laboratorio de producción de lentes, incorporando tres de las únicas cinco máquinas antirreflejo[5] que existían en el país, las que representaron una inversión de US$ 600.000. Dicho laboratorio, se encargaba de los procesos de tallado, biselado y tratamientos especiales de lentes.

---

[5] La aplicación de esta tecnología permitía al usuario disfrutar de mayor nitidez en las imágenes y, por ende, mejorar el sentido espacial de su visión. Estéticamente, representaba una mejor alternativa ya que se le verían más los ojos y menos el reflejo producido por la lente. La adquisición de la maquinaria dotaba a la empresa de ventajas competitivas en relación a mejorar la calidad y la velocidad en atención de pedidos.

Por el año 2012, los ejecutivos de la firma decidieron incursionar en el mercado corporativo, ofreciendo charlas de salud ocupacional y exámenes oftalmológicos gratuitos en las instalaciones de las empresas. Como acción complementaria realizaron convenios con las principales compañías de seguros que ofrecían cobertura de lentes.

Como consecuencia de lo apuntado y si bien el mercado oftalmológico podía situarse en el área de la salud, el sector muestra cierta estacionalidad, observándose un incremento en las ventas en diciembre y a mitad del año, lo que coincidía con las festividades de Navidad y el día de la madre y el padre.

En un 80%, los ingresos de la compañía provenían de la comercialización de lentes y gafas, mientras que el 20% restante lo constituían sus servicios de optometría y oftalmología.

El esfuerzo sostenido y las acciones implementadas han reportado ciertos logros destacables. A modo de ejemplo -en el año 2013- la empresa fue reconocida por ciertos medios de prensa especializada como una de las cien empresas medianas más importantes del país (Revista Ekos, No 234 Octubre 2013).

Entrada la presente década, la empresa ha definido su visión de este modo:

«Reforzar el enfoque pionero y vanguardista en la moda, estética y alta tecnología visual; siempre manteniendo una constante innovación en calidad, servicio y atención personalizada con sus clientes.»

Portafolio de productos y servicios.

El portafolio de productos y servicios de la firma guardaba una estrecha relación con la visión trazada, respondiendo a una línea amplia que se describe a continuación:

Productos
- ➢ Lentes
  - o Visión sencilla
    - — Vidrio
    - — Policarbonato
    - — Liviano (CR 39)
    - — Tallado digital (Alta definición)
    - — Progresivos
    - — Multifocales (Visión para todas las distancias)

- Tallado digital (Alta definición)
➢ Gafas
    o De sol
    o Con medida
    o Seguridad
    o Deportes
➢ Lentes de contacto
    o Blandos y rígidos
    o De color
    o Líquidos de limpieza de lentes
    o Líquido lubricante
➢ Armazones
    o Al aire
    o Semi al aire
    o Completos
    o Cordones para armazones

Servicios
➢ Examen visual computarizado
➢ Examen visual optométrico
➢ Examen oftalmológico
➢ Adaptación de lentes de contacto

Proveedores y marcas comercializadas.

La empresa distribuía los productos de diferentes proveedores, los que contaban con la propiedad o licencia -por varios años- para la comercialización de las marcas que representan. A continuación, se muestran las marcas que comercializaba Indulentes, clasificadas por proveedor:

- Luxótica: Rayban, Vogue, Arnete y Oakley. Esta última se encuentra posicionada a nivel global como marca Premium deportiva.
- Viva: Guess, Tommy Hilfiguer y Gant.
- BK Frames: Máxima
- Marcolin: Montblank, Swarovsky, Diesel, Cartier y Timberland.
- Marchon: Nike y Calvin Klein.
- Morel: Oga y Lightec

La comercialización de estas marcas permitía mostrar un alto posicionamiento de Indulentes en el mercado.
En el siguiente gráfico, se muestra la distribución -clasificada por proveedor- de las ventas en US dólares para el año 2013:

Gráfico 6: Ventas por proveedor - Indulentes.

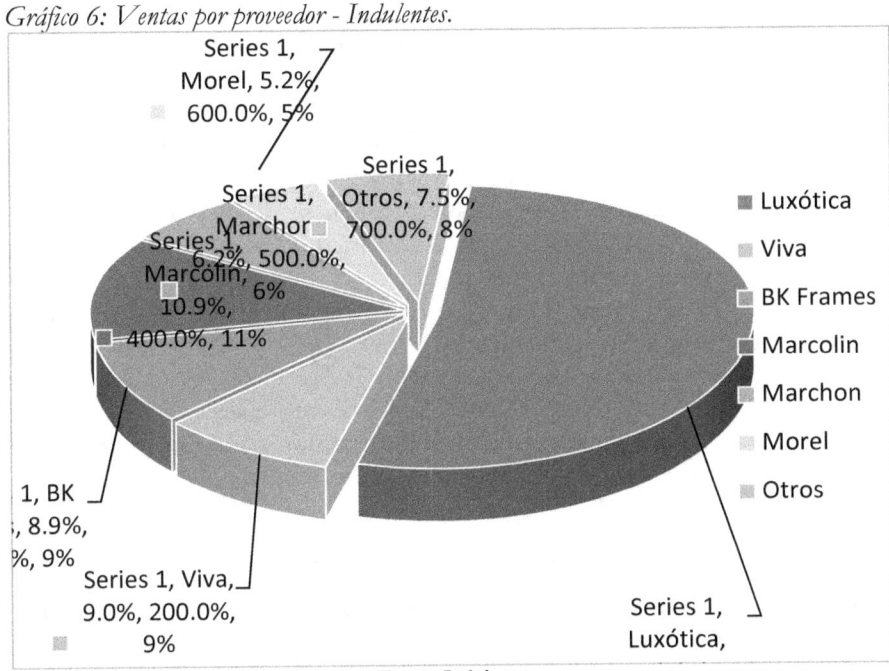

Fuente: Indulentes

De lo anterior, se observa que el 52% de las ventas correspondía a Luxótica, casi el 11% a Marcolin, el 9% a Viva y otro 9% a BK Frames.

Las cinco fuerzas competitivas de Porter.

A continuación, se muestra el análisis realizado por la empresa sobre su sector industrial, de acuerdo con las cinco fuerzas competitivas de Porter[6]. El mismo llevará a concluir al respecto de la intensidad de los factores competitivos, permitiendo adoptar una posición competitiva sólida y fundamentada sobre las fortalezas y oportunidades que se presentaban en su sector industrial.

El poder de negociación de los proveedores.

Indulentes contaba con un poder de negociación muy bajo ante los proveedores ya que -a nivel global- existían muy pocas empresas especialistas en productos oftalmológicos de alta gama. Éstos se disputaban por marcar tendencias en la moda desde sus casas matrices ubicadas en Europa y sus centros de diseño ubicados, tanto en ese continente como en los Estados Unidos.

---

[6] Esta temática fue tratada en el Capítulo II, Marco Teórico.

A nivel internacional estas empresas competían por ser líderes en el diseño de marcos, realizaban acciones de marketing utilizando tiendas de renombre y empleaban medios de comunicación masiva como televisión y cine. A esto, debe agregarse que sus proveedores más importantes -como Luxótica- basaban su estrategia en la integración vertical, habiendo adquirido algunos centros de producción, tal el caso de los localizados en China y Brasil.

Asimismo, ha adquirido importantes cadenas de distribución como Multiópticas, cuya subsidiaria en Latinoamérica –GMO- contaba con presencia en todos los países del área Andina.

En relación con las operaciones, algunos proveedores realizaban esfuerzos por la implementación de sistemas *"lean"*[7] a fin de reducir los tiempos de desarrollo, manufactura y distribución. Aquellos que lo habían implementado con éxito, tenían mayor poder de negociación, por cuanto -al tener capacidad para atender pedidos de distribuidores con mayor velocidad- brindaría a sus clientes mayor oportunidad de mejorar la rotación de sus inventarios.

El poder de negociación de los clientes.

La empresa había calificado el poder de negociación de los clientes como medio. Si bien podía influenciar en las decisiones de los clientes, posicionando sus productos como accesorios que elevaban el status social o reflejaban tendencias de moda, existían otros distribuidores que -aunque no disponían de ese nivel de surtido- podían ofrecer otras marcas alternativas.

El desempeño macroeconómico en la última década y –principalmente- el contar con altos precios de commodities como el petróleo, ha permitido mantener alta la propensión al consumo de marcas de alto valor percibido[8] .

Al manejar directamente los canales de retail y tener presencia a nivel nacional, le permitía -a través de acciones de marketing coordinadas- mantener adecuados márgenes en los segmentos objetivos.

La rivalidad competitiva.

La industria mostraba un crecimiento importante en sus volúmenes de importaciones gracias a las condiciones económicas favorables en relación al consumo. Es así que -el año 2012- el sector mostró un crecimiento del 9% en relación al año anterior.

A pesar que en Ecuador existían alrededor de 50 cadenas de ópticas y, por ende, una rivalidad muy intensa, se observaba -en la participación de mercado- una gran concentración en sus tres principales líderes, tal como

---

[7] El concepto "Lean" ha sido aplicado por varias empresas industriales y se basa en la aplicación de técnicas para mejorar los flujos de producción y entrega, mejorar la calidad y satisfacción del cliente cuyo beneficio financiero se muestra en la mayor rotación de inventarios y mejora continua en los procesos.

[8] Algunas de las variables se encuentran descritas en el Marco Teórico, Análisis PEST.

puede apreciarse en el siguiente gráfico:

Gráfico 7: Participación de mercado en Ecuador, Año 2013.

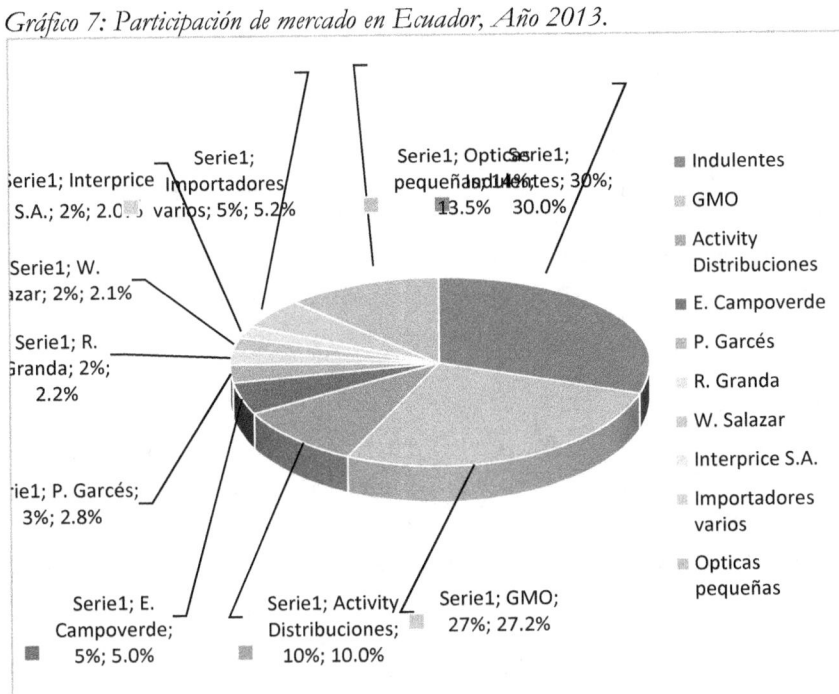

Fuente: Indulentes S. A.

Del gráfico anterior se desprende que Indulentes mostraba la mayor participación de mercado, aunque la cadena GMO se había convertido en un infatigable seguidor. Esta disputa por el liderazgo de mercado se planteó desde los inicios de la presente década.

En el mercado, los líderes enfrentaban niveles similares de costos fijos entre los cuales se destacaban las inversiones en oficinas administrativas, la infraestructura en locales, y su arriendo y pago de concesiones al estar ubicados en centros comerciales. Además y a los fines de cubrir los costos fijos adicionales de la maquinaria adquirida en la presente década, la firma debía alcanzar posicionarse ofreciendo tecnología de alta calidad en lentes de alta definición[9] .

La presencia de sustitutos.

---

[9] Esta tecnología ha sido explicada en el Marco Teórico, Análisis FODA.

En la última década, se ha visto incrementado el número de centros hospitalarios de atención especializada en correcciones refractivas -vía láser[10] - en pacientes en condiciones de menor complejidad. A su vez, estos centros ofrecían implantación de lentes intraoculares para casos de mayor complejidad.

En general, la empresa consideraba que un paciente otorgaría un valor mucho mayor a este tipo de cirugías en comparación a continuar utilizando anteojos de por vida. Sin embargo y lo que le otorgaba una cierta debilidad, era que -su herramienta para mitigar esta circunstancia- se relacionaba con su capacidad de posicionar sus productos como accesorios alternativos que representaban estética y eran complemento de la imagen personal.

La amenaza de nuevos participantes.

Las marcas de mayor renombre a nivel mundial ya contaban con presencia en el mercado local a través de los competidores actuales y, por tanto, resultaba posible calificar a esta amenaza como de bajo nivel.

Por otro lado, igualar la tecnología utilizada en su laboratorio requeriría de una inversión cuantiosa, excepto que alguno de los grandes jugadores a nivel global decidiera integrarse con otra cadena regional que estuviera en condiciones de manejar el canal de distribución de retail.

Evaluación final de las cinco fuerzas competitivas.

El diagnóstico realizado por la empresa mostró que los principales factores en el sector óptico actuaban en contra de las firmas que participaban del sector industrial y no les permitía alcanzar niveles elevados de rentabilidad.

Se destacaban tanto su bajo poder de negociación con los proveedores, como la intensa rivalidad de los competidores.

En relación al primer aspecto, la conversión del principal proveedor en competidor indirecto revelaba una gran amenaza que implicaba la posibilidad de incrementar -en modo considerable- su participación de mercado, a través de la distribución exclusiva de sus líneas o de un probable intento de adquisición hostil a futuro. Al respecto, la empresa no había utilizado otras herramientas que permitieran establecer opciones a efectos de enfrentar este potencial inconveniente.

En relación al segundo, éste hacía que la firma se tornara vulnerable ante

[10] La cirugía refractiva es un método para corregir la visión, el cual utiliza un rayo láser para moldear la córnea cuando ésta presenta irregularidades.

cambios en el desempeño macroeconómico. Así -por ejemplo- cualquier impacto externo que disminuyera el ingreso de las familias de clase media, podía impactar en el reemplazo de los productos de alta gama por otros de menor calidad y costo. Al momento de formular su análisis, la empresa no realizó esfuerzos por descubrir nichos que permitieran enfrentar esta amenaza.A modo conclusivo, en el siguiente gráfico se resume la intensidad de las cinco fuerzas en el sector óptico realizado por la empresa:

Gráfico 8: Indulentes – Las cinco fuerzas de Porter.

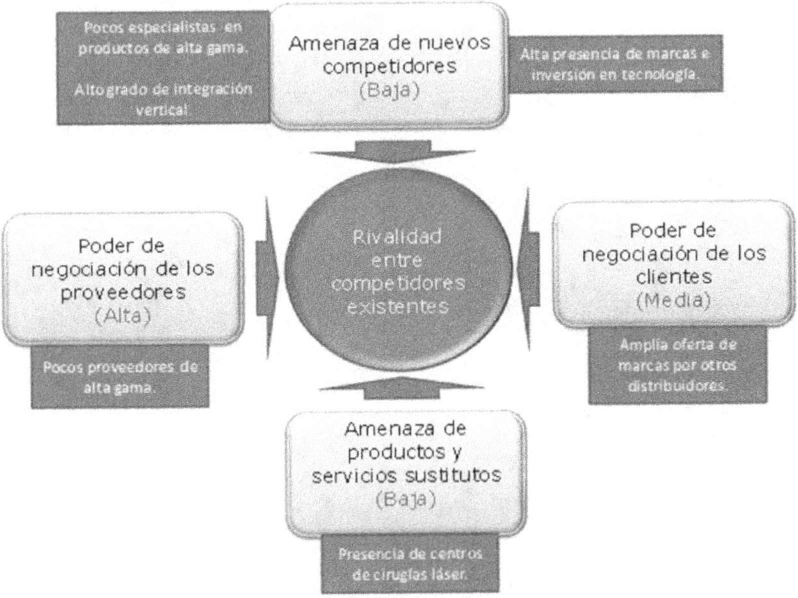

Pocos especialistas en productos de alta gama.

Alto grado de integración vertical

Amenaza de nuevos competidores (Baja)

Alta presencia de marcas e inversión en tecnología.

Poder de negociación de los proveedores (Alta)

Pocos proveedores de alta gama.

Rivalidad entre competidores existentes

Poder de negociación de los clientes (Media)

Amplia oferta de marcas por otros distribuidores.

Amenaza de productos y servicios sustitutos (Baja)

Presencia de centros de cirugías láser.

Fuente: Elaboración Propia

Análisis PEST.

A continuación se incluye el análisis de las principales variables del ambiente externo que -de acuerdo con el criterio de los directivos de la empresa- podían influir en su competitividad presente y futura:

Variables Políticas.

A partir del año 2007, en el que ganó las elecciones democráticas un gobierno de corte socialista, fueron introducidas reformas profundas a nivel institucional, dando inicio a un nuevo régimen que incluyó la propuesta de una nueva constitución nacional.

En cuanto a políticas de salud, el gobierno -a través de la elaboración de políticas de Estado- ha realizado mayores inversiones en infraestructura en las redes del Ministerio de Salud Pública. Si bien la salud oftalmológica no formaba parte fundamental de las políticas públicas y protocolos, tampoco ha habido acciones concretas -desde el Poder Ejecutivo- que deterioraran este sector en el área privada.

Variables Económicas.

Durante la presente década, la propensión al consumo mostró indicadores macroeconómicos favorables en la economía ecuatoriana hasta el año 2013. Así -por ejemplo- se muestra una serie de los principales indicadores en el período 2012-2014 como sigue:

Cuadro 17: Indicadores macroeconómicos de Ecuador -Período: 2012 -2014.

Variable	Tasa de crecimiento 2012	Tasa de crecimiento 2013	Tasa de crecimiento 2014
Gasto de consumo final en hogares	4%	3.9%	3.9%
Crecimiento del Producto Bruto Interno	5.1%	4.5%	3.8%
Exportaciones petroleras	8%	9%	-18%
Salarios nominales promedio	11%	6.6%	6.9%
Precio del crudo ecuatoriano	9%	11.1%	-47%
Tasa de inflación anual	4.1%	2.7%	3.67%

Fuente: Datos tomados por Indulentes del Boletín anuario del Banco Central del Ecuador.

Como se explicó en la Introducción de la presente investigación, la adopción —como moneda de curso legal- del dólar de los Estados Unidos de América, ha preservado el poder adquisitivo de la mayoría de la población y ha dotado de capacidad de consumo en todos los estratos sociales.

Variables Sociales.

El fenómeno migratorio que se produjo a fines de la década de los noventa

-tanto hacia Estados Unidos como a Europa- produjo principalmente efectos devastadores; uno de ellos, la desmembración de muchas familias. Sin embargo, la nueva generación -que por diversos motivos no pudo migrar con sus padres y reunirse con ellos de nuevo- ha contado con mayores recursos provenientes de su envío de remesas. Esta generación, contaba -entre otras características- la de ser seguidora de productos de moda y usuaria potencial de tecnología de vanguardia.

Adicionalmente y de acuerdo con el Censo Nacional del 2010[11] - estas personas se han convertido en una parte representativa de la pirámide poblacional. Así, se observaba que -en las dos principales provincias del país, Pichincha y Guayas, que representan el 43% de la población del país- sus pirámides poblacionales mostraban una composición significativa de personas de entre 15 y 29 años. En Pichincha, el 30% de la población correspondía a este rango y en Guayas era del 26%. El Instituto de Estadísticas y Censos pronosticaba que -estas dos provincias y en tercer lugar Manabí- continuarían concentrando la mayor parte de la población en los siguientes cinco años.

En Ecuador y a nivel socioeconómico, apenas el 1.9% de sus habitantes correspondía a la clase alta, mientras que la clase media alta -clasificada como categoría B según la mencionada Institución- concentraba un importante 11,2% de la población del país. Como este segmento era la población objetivo de la empresa, las perspectivas de crecimiento de mercado resultaban alentadoras. No obstante, la dependencia de Indulentes hacia la clase media alta era claramente visible si pretendía lograr adecuados volúmenes de ventas.

Variables Tecnológicas.

Al igual que en otros países de Latinoamérica, la propensión del público a utilizar la tecnología de última generación era una característica notoria para el caso Ecuatoriano. A modo de ejemplo, se observaba una tasa de penetración de Internet que superaba el 50% en las tres principales ciudades del país. Asimismo, la tasa de penetración de telefonía celular en dichas ciudades oscilaba entre el 54% y el 60% [12]. Por tanto, los ejecutivos de la empresa consideraban que la alta propensión al uso de Internet y la telefonía celular de última generación permitiría contar con mayor exposición en el mercado y podrían ser realizadas actividades de marketing focalizadas.

---

[11] Corresponde al último censo realizado por el INEC (Instituto Nacional de Estadísticas y Censos).

[12] Cifras reveladas por la Superintendencia de Telecomunicaciones en Mayo de 2014.

En los últimos 10 años, la tendencia de la industria era la de utilizar materias primas naturales como la celulosa. Según fuentes de la empresa, los principales analistas revelaron que la tendencia -para los próximos cinco años- sería regresar al uso de metales. Esta situación obedecería, más que a hacer frente a los precios altos del petróleo, al avance tecnológico en el campo electrónico y de semiconductores. Los proveedores que pudieran manejar estas tecnologías podrían ganar ventajas competitivas respecto de sus competidores. Tales ventajas, podían ser trasladadas a distribuidores -como Indulentes- si mostraran habilidad para influenciar a sus clientes en la adopción de las nuevas tendencias.

Respecto a la línea de gafas, la industria ha puesto cada vez mayor énfasis en la protección de los ojos contra los rayos ultravioleta. La ubicación del país en pleno paralelo cero hace que -durante todo el año- sea necesario un alto nivel de protección UV para la salud visual. De esta manera, los proveedores que pudieran ofrecer alguna innovación para mejorar la protección del sol obtendrían —también- una ventaja competitiva adicional a favor de sus marcas.

A continuación, se presenta un resumen de las variables del Análisis PEST identificadas por la empresa:

Cuadro 18: Indulentes S. A - Análisis PEST, Año 2014.

Políticas
- Actitudes del Gobierno: Inversión en infraestructura en redes del Ministerio de Salud Pública, sin prioridad en salud oftálmica.
- Políticas impositivas: Sostenimiento de tasas arancelarias.

Económicas
- Crecimiento económico.
- Altos precios internacionales del crudo ecuatoriano.
- Tipos de cambio anclado al US dólar y tasa de inflación baja.
- Incremento en salarios a nivel privado y como gasto público.
- Crecimiento del consumo y gasto en los hogares.

Sociales
- Crecimiento sostenido en el envío de remesas de emigrantes.
- Seguimiento de tendencias de moda y tecnología.
- Importancia de la población adolescente y de jóvenes adultos en la pirámide poblacional.
- Concentración de la clase alta y media alta.

Tecnológicas
- Altas tasas de penetración de Internet y de la telefonía celular.
- Evolución tecnológica y su impacto en el cambio de materias primas.
- Innovación de la industria hacia gafas y lentes de mayor protección contra los rayos solares UV.

Análisis FODA.

El equipo gerencial de la firma —también- realizó un análisis de este tipo a efectos de identificar aspectos internos y externos que le permitieran posicionarse apropiadamente en el mercado. En modo seguido, se exponen las principales variables identificadas:

Fortalezas.

- Una vez que el cliente escogía los marcos, el laboratorio contaba con equipo especializado en producir lentes de alta definición y en modo personalizado[13] . Esta ventaja le permitía, no sólo posicionarse como una cadena líder en tecnología, sino -además- como pionera en su utilización. En la transferencia de este tipo de conocimientos, lograba – asimismo- economías de aprendizaje entre sus distintos puntos de asesoramiento y venta.

- Las actividades de reclutamiento y selección de optómetras certificados de alto nivel posicionaban a Indulentes como una firma que ofrecía un servicio altamente confiable en cuanto a mediciones. Lo interesante de este tema era que los optómetras especializados podían desempeñarse – además- en la asesoría de imagen.

- La variedad de marcas de primer orden permitían que el público tuviera acceso a una diversidad de opciones en cuanto a diseño y estilos que se adaptaran a su ergonomía y a su gusto personal.

Oportunidades.

- La empresa había incursionado en el área de seguridad industrial y – también- había desarrollado la competencia de sus colaboradores en el campo de los rayos solares, aunque no se había dirigido —aún- hacia la atención de importantes sectores de actividad que requerían de mayor protección UV, tales como el florícola o el bananero.

- En el segmento de jóvenes, las altas tasas de penetración en Internet y en redes sociales podían permitir —además de realzar su experiencia con sus adquisiciones mediante sus comentarios- alcanzar mayor cobertura en la publicidad de nuevos modelos e inducir al público a participar en experiencias interactivas con asesores especialistas en línea.

- Ecuador contaba con algunos centros universitarios de elite como la Universidad San Francisco y SEK, por lo que -ubicar algunos de sus locales en centros comerciales próximos a algunos de estos polos universitarios- le podía brindar la oportunidad de participar en el auspicio de eventos propios de los centros de educación, así como en los referidos a la moda y que estuvieran dirigidos al público objetivo.

Debilidades.

- La empresa no había realizado análisis de micro-segmentación en las ~~categorías geográficas, psico~~gráficas, comportamental y de producto-

---

[13] Medidas específicas como el ángulo entre el marco en relación al ojo, permitían en laboratorio, considerar las particularidades de forma y superficie de los ojos.

atributos. Así por ejemplo, existían varias tendencias de moda que el grupo objetivo podía adoptar, tales como vanguardista, radical y casual. Por otro lado, el análisis de los estilos de vida y personalidad podía explicar la valoración de atributos ante la experiencia de visita en el local, en contraste a la conexión con una página Web interactiva.

- Los sistemas de información de la empresa no permitían generar información sobre los costos por actividades, centros o departamentos. Tampoco, permitían medir la efectividad de ciertas campañas publicitarias como las de fidelización en la que -por ejemplo- se concedía un descuento del 20% a los cumpleañeros del mes que se registraran en una base de datos. Dichas bases no permitían explorar las tendencias en la aceptación de modelos y -por tanto- impedía interactuar —sincronizadamente- con las decisiones y operaciones de colocación de pedidos y Logística.

Amenazas.

- La expansión de Luxótica -a partir de su integración vertical, firma de convenios exclusivos de diseño para marcas importantes como Armani y su reciente adquisición de la cadena competidora GMO- ponía a Indulentes ante un alto riesgo de dependencia de su principal proveedor.
- Las acciones del gobierno -encaminadas a restringir algunas importaciones para corregir el déficit de balanza de pagos- podían inducir al incremento de las tasas arancelarias para la importación de marcos y —consiguientemente- podía reducir los márgenes de la empresa.

A continuación, se presenta un resumen de las variables del Análisis FODA planteadas:

Cuadro 19: Indulentes S. A. - Análisis FODA.

Fortalezas
Tecnología de punta en producción de lentes de alta definición.
Selección de optómetras certificados.
Amplio surtido de marcas.

Oportunidades
Atención -en el área de seguridad industrial- en otros sectores de la economía.
Alta tasas de penetración de Internet y redes sociales permitirían publicitar los productos y mejorar la experiencia de pre-venta, venta y post-venta.
La ubicación -en centros comerciales próximos a centros universitarios de élite- permitiría auspiciar eventos de moda.

Debilidades
Falta de actividades de micro-segmentación que le permitiera conocer la valoración de atributos realizada por los clientes.
Los sistemas de información no permitían costear actividades y sus bases de datos no están preparadas a los efectos de identificar ni medir tendencias de consumo.

Amenazas
La estrategia de integración vertical de su principal proveedor. Luxótica la expone a dependencia y a intentos de adquisición hostil.
Probabilidad de aumento en aranceles de importaciones, lo que incrementaría el costo del producto.

Análisis de la cadena de valor.

En las actividades realizadas al externo de la empresa, se observó que existían algunos proveedores como Morel-Francia- y Marcolin -con matriz en Italia y fuerte presencia en los Estados Unidos- que habían realizado esfuerzos por mejorar sus centros de logística, ya fueran propios o de terceros. La cercanía de sus centros de distribución con Latinoamérica y el aumento del tamaño de los lotes de compra con los proveedores antes mencionados, permitía reducir -al menos a la mitad- el costo del flete, acercándose o igualando a aquellos que tenía su competidor GMO.

Respecto a su cadena de valor interna, si bien la empresa no costeaba sus actividades tal como se indicó en el análisis FODA, habían identificado actividades clave a lo largo de su cadena, las cuales son presentadas en los próximos párrafos.

Entre las actividades de soporte destacaron las de recursos humanos, compras y tecnología de información. A pesar de la labor remarcable que realizaban a nivel funcional, la gerencia consideraba necesario un cambio en los objetivos, procesos, procedimientos y métricas. Así, por ejemplo, el área de Compras debía orientarse a coordinar actividades -con la planificación de marketing- a los fines de reducir los niveles de inventario, mientras Tecnología debía atender todos los desafíos para mejorar su sistema de información.

En cuanto a las actividades primarias, la empresa las había clasificado en tres categorías, en función a la secuencia de actividades del negocio:

- Diseño de procesos: La firma planeaba contratar un responsable de desarrollo organizacional a los fines de lograr mayor eficiencia en sus principales procesos.

- Cadena de valor agregado: Compras, Logística de entrada, Producción y Logística de salida. Indulentes había impulsado -en el año 2014- procesos de negociación directa con el proveedor con el fin de agilizar la atención de pedidos y -para ello- había conformado un equipo que incluía a las Gerencias de Operaciones, Marketing y Administración.

- Cadena de servicio: Instalación, contacto in situ y servicio post-venta, relacionado con corrección de fallas o defectos en armazones.

Asimismo, los ejecutivos reconocieron que el mix de marketing actual era muy limitado. A pesar de haber contratado campañas publicitarias en medios masivos como la televisión, la evaluación de la efectividad en la transmisión del mensaje y su correlación con los objetivos de cobertura e imagen no se habían realizado adecuadamente.

En conclusión, la utilización de las herramientas de análisis estratégico realizada por la empresa resultaba limitada en cantidad, contenido y profundidad. La falta de calificación de factores y sub-factores -que influían en las cinco fuerzas de Porter- impedía que Indulentes se enfocara en aquellos que pudieran ser calificados como prioritarios. A modo de ejemplo, no eran percibidos los riesgos de la integración hacia delante de su principal proveedor con la principal cadena competidora en la región.

Asimismo, la omisión de variables políticas impedía que se analizaran los efectos de la nueva legislación en materia de comunicación y control del poder de mercado o anti- monopolio. Seguramente, las regulaciones en la extensión y producción de publicidad afectarían las decisiones de inversión en medios como radio y televisión.

Por otro lado, la exclusión del análisis de los efectos de la legislación antimonopolio limitaba la consideración de restricciones y ventajas que podrían ayudar a mitigar el efecto de la dependencia del proveedor Luxótica. En relación al análisis FODA la empresa no había considerado las oportunidades que pudieran derivarse de realizar análisis de micro-segmentación, como por ejemplo, patologías por región[14] y la posibilidad de

---

[14] En la provincia de Manabí, la tercera más populosa del país, la presbicia es el caso más frecuente de ametropía (57%). Un laboratorio multinacional con presencia local puede proveer los lentes para atender este defecto.

atenderlas mediante alianzas con laboratorios farmacéuticos especializados.

La utilización de la matriz producto-mercado hubiera permitido explotar, en términos de rentabilidad, la posibilidad de introducción de nuevas marcas y productos, la atención a nuevos sectores empresariales y la apertura de un nuevo canal de venta y atención, a partir del potenciamiento que podían ofrecerle las redes sociales e Internet.

También, el análisis de la CV ha sido limitado. No se habían definido en la cadena interna las sub actividades y su dependencia con otras.

Asimismo, no ha podido ser realizada una comparación entre la eficiencia en la ejecución de las actividades claves con las de la competencia, por no disponerse de métricas ni de un sistema de información que soportara tal análisis.

Por otro lado, el análisis de eficiencia de las operaciones en planta y de la nueva maquinaria -en particular- hubiera permitido detectar oportunidades de optimización mediante la aplicación de un software para personalizar las necesidades del cliente, permitiendo -por tanto- reducir su tiempo de operación y provocando mayor productividad en dicha maquinaria.

A modo de corolario, la ausencia de un análisis del sistema de actividades imposibilitaba visualizar la necesidad de introducción de nuevas competencias básicas, opciones estratégicas y sus probables actividades conexas.

3.4 Conclusiones.

Del análisis propuesto, se ha observado que las Pymes analizadas no utilizaban -en modo riguroso- una estructura de herramientas que permitiera el análisis estratégico y —esto- era debido a distintas razones que se exponen en el trabajo y que se resumirán a continuación.

Muchos de los análisis eran intuitivos y altamente dependientes de unas pocas personas (dueños o funcionarios), sin existir procesos que asegurasen la recolección y estructuración de la información necesaria. Este tipo de herramientas podía guiar en todo el proceso estratégico, entendido como el que comienza con la detección de las oportunidades, que clarifica y prioriza las que se persigan, que ofrece un menú de opciones para alcanzarlas y — finalmente- que implementa las más adecuadas para el presente y futuro de la empresa.

A continuación se presenta un resumen de las principales conclusiones, que surgen de este capítulo:

- De acuerdo con la encuesta realizada, las empresas mostraron contar con ciertas preferencias por la utilización del análisis FODA; de hecho, ha sido la herramienta preferida. Sin embargo, utilizar sólo el criterio de los colaboradores -como la fuente principal de información- limitaba la objetividad en su aplicación. La segunda herramienta utilizada ha sido la cadena de valor. Su utilización se reducía a la identificación de algunas actividades y sub-actividades principales, sin aplicar benchmark alguno que permitiera calificar su posición competitiva.

- Las empresas de la muestra –por lo general- no utilizaban indicadores de posición competitiva, tales como los de eficiencia en finanzas y productividad. Por excepción, dos de ellas señalaron que la participación de mercado era su índice predilecto.

- Entre los factores que podrían explicar el por qué los ejecutivos de las Pymes utilizaban –incipientemente- las herramientas de análisis estratégico, se ha remarcado su falta de conocimiento y de interés en evaluar oportunidades mientras no se mostraran latentes, y –además- la excesiva confianza que le conferían a la intuición.

- Haber aplicado herramientas de análisis estratégico hubiera permitido reconocer la real magnitud de algunos problemas y aportar elementos de juicio a los fines de sugerir algunas alternativas viables.

- La aplicación de estas herramientas requería que la Pyme tuviera posibilidad de capturar la información necesaria. Los sistemas de información que -usualmente se enfocaban en objetivos contables- no aportaban a la ejecución de este tipo de análisis.

- Las Pymes dependían de su capacidad para recopilar y estructurar la información en forma sistemática y ordenada, tanto de origen interno como complementario. De acuerdo con las encuestas realizadas y el análisis del caso, se verificó que han mostrado una capacidad limitada para ejecutar este tipo de acciones debido a los escasos recursos con que solían contar. A su vez y aún teniendo acceso parcial o total a dicha información, han mostrado dificultad a efectos de seleccionar los elementos claves y relacionarlos.

- A los fines de detectar opciones estratégicas resultaba necesario actuar en dos campos. El analítico, para el cual estas herramientas podrían ayudar a estructurar la información en modo ordenado y coherente, y el creativo, con el objeto de ayudar en la generación de ideas que -ante problemas de mayor complejidad- requiriesen de la participación de las distintas funciones.

- Las herramientas de análisis estratégico podían ser de enorme utilidad para que los directores priorizaran los objetivos, definieran opciones y guiaran las decisiones y actividades principales de las áreas funcionales.

- El uso adecuado de herramientas de análisis estratégico permitiría, tanto complementar los argumentos que sugerían la adopción de algunas opciones, como validarlos en términos de racionalidad y coherencia.

El presente Marco Investigativo se ha referido a lo que se ha podido verificar -en el campo- al respecto del objeto bajo estudio.

En el siguiente Capítulo -Conclusiones Generales, Aplicaciones y Aportes para futuras investigaciones- se interrelacionarán los conceptos fundamentales de los Capítulos del presente trabajo, ofreciéndose los hallazgos que han surgido como resultado de la presente investigación.

CAPÍTULO 4
CONCLUSIONES, APLICACIONES Y APORTES PARA FUTURAS INVESTIGACIONES

La hipótesis planteada en la Introducción de la presente investigación afirma que las Pyme de Quito, Ecuador no utilizaban —formalmente- herramientas de análisis estratégico, lo que ponía en riesgo la articulación del contexto con los elementos internos de la empresa y el logro de una posición competitiva sólida.

Por otro lado, el objetivo general propuesto se dirigió a estudiar y proponer herramientas que permitieran -a este tipo de empresas- realizar un análisis adecuado de su estrategia y posición competitiva.

Se aclara que —a través del estudio que se ha realizado- los objetivos han sido verificados y la hipótesis confirmada.

Los resultados alcanzados han permitido arribar a las conclusiones que se exponen en los siguientes apartados, agrupadas en función del aporte que brinda cada herramienta.

4.1 El aporte de las cinco fuerzas de Porter.

El reconocimiento de los factores identificados por Porter permite a la Pyme -además de analizar el potencial de rentabilidad del sector y tomar una posición estratégica genérica- evaluar la capacidad de aprovechar ventajas competitivas específicas y la factibilidad de tomar o descartar alternativas que se traducirían en compromisos y asignación de recursos.

Así, por ejemplo, aquellos directivos que piensen fijar su estrategia de posicionamiento con la aplicación de mayores precios -mediante la creación de valor basado en aprovechar cierta innovación de procesos o tecnológicos- deberían -en primera instancia- considerar el poder de negociación de sus clientes. Siendo este último muy alto, el valor creado sería transferido al consumidor final dada las pocas posibilidades de la empresa para controlar la variable precios. Por tanto, la efectividad de la estrategia se verá afectada por el reconocimiento de estos factores, su evaluación y elección de opciones que aprovechasen sus ventajas o disuadiesen sus efectos negativos.

De acuerdo con las respuestas de los ejecutivos de las empresas que conformaron la muestra, solamente las medianas han incursionando en sectores que presentaban altas barreras de entrada, cosa que no se ha observado en las empresas más pequeñas. La falta de desarrollo de esta protección las dejaba al descubierto de otras empresas que tenían como práctica el resguardo de sus ventajas competitivas con más altas barreras de entrada al sector industrial.

Asimismo y por características, las empresas pequeñas no habían desarrollado –completamente- sus habilidades y competencias, y -por tanto- contaban con menor posibilidad de mostrar superioridad en términos de eficiencia. Sin embargo, muy pocas aprovechaban sus conexiones con empresas más grandes que estaban relacionadas en su sistema de valor, a los efectos de dinamizar -mediante alianzas- su velocidad de aprendizaje y apalancar la utilización de recursos, tales como destrezas en actividades de marketing y posicionamiento de la marca.

Por otro lado, el notorio alto nivel de rivalidad en el que se encontraban las Pymes de la muestra, ha ocasionado que -la mayoría de ellas- optaran por diferenciarse de sus competidores a través de –casi exclusivamente- el mejoramiento continuo de la calidad del producto o su diseño. Esto, prácticamente, inhabilitaba otro tipo de opciones, tales como: actividades de marketing promocionales, publicidad zonal o regional y mejoras en la presentación de locales comerciales.

Como ha manifestado uno de los informantes-clave, la evaluación del ambiente externo -realizada por propietarios de los pequeños negocios- era –comúnmente- intuitiva. Si bien la intuición puede jugar un papel preponderante a la hora de tomar opciones estratégicas resulta –muchas veces- insuficiente si se considera la complejidad de las variables, su interrelación y la imperiosa necesidad de estructurar la información a fin de llegar a conclusiones relevantes.

4.2 El aporte del Análisis PEST.

A pesar que –básicamente- su contribución al análisis del ambiente externo es cualitativa, esta herramienta mostró un enorme potencial para la identificación de oportunidades y restricciones al momento de esgrimir opciones estratégicas. La importancia de cada factor dependía del sector industrial en que se encontrara la Pyme y -por tanto- devenía necesaria una clara definición del sector al que correspondiera.

La identificación de variables políticas alertaría -en forma temprana- el probable impacto en el costo de algunas opciones y –asimismo- las oportunidades de expansión o reducción del mercado que se presentaban conforme a las políticas y actitudes del gobierno hacia un sector en particular. En este sentido, los incentivos económicos para un sector o su ausencia –tal la política económica implementada- podrían, también, levantar barreras de entrada para el ingreso de participantes.

A su vez, el análisis de variables socio-demográficas se torna de vital importancia, especialmente para aquellas empresas que comercializaban productos de consumo masivo. De hecho, los cambios en la composición de la pirámide poblacional mostraban potenciales fuentes de ampliación del mercado. Los análisis estadísticos publicados por el Instituto Nacional de Estadísticas y Censos constituían una fuente de información de cierta utilidad –aunque, en ciertos países, desactualizada- a los fines de analizar características del público objetivo y sus tendencias.

También, la tecnología y su velocidad de desarrollo se volvían fundamentales para muchos sectores industriales donde las Pyme operaban. Algunas de las empresas de la muestra, han logrado posicionar sus productos como las mejores opciones, gracias a la incorporación de tecnología desarrollada por sus proveedores o incorporando tecnología en sus procesos productivos. Un ejemplo se lo encuentra en el caso Ecuatoriano, donde la alta penetración de telefonía celular y de equipos "smartphones" ha facilitado la creación de aplicaciones destinadas a desarrollar y localizar pequeños negocios de servicios turísticos en las ciudades principales del país, en función al presupuesto del cliente.

Desde otro punto de vista, el grado de adopción de tecnología -por parte del público objetivo- podía influir en su incorporación dentro de todas las actividades de la cadena de valor interna de la Pyme. Damos algunos ejemplos:

- Logística de entrada: Tecnología utilizada a efectos de disminuir los lead times, utilización de código de barras para el control de inventarios y control satelital de la transportación de producto terminado.

- Operaciones: Incorporación de maquinaria que mejore la eficiencia y calidad del producto en relación con la competencia y uso de tecnología auxiliar para el diseño de productos.

- Logística de salida: Monitoreo permanente de producto terminado en almacenes y durante su traslado hacia los clientes.

- Marketing y Ventas: Utilización de Internet a los fines de difusión de publicidad y ventas en línea.

- Servicios: Incorporación de equipo que eleve el nivel de eficiencia en el servicio.

En cuanto a las actividades de soporte, la tecnología se incorporaba – principalmente- mediante mejoras en procesos y metodología en su ejecución.

A modo conclusivo, la incorporación de tecnología ayudaba en el proceso de diferenciación de los productos y alejaba de sus competidores a las empresas.

4.3 El aporte del Análisis FODA.

La explotación de la herramienta dependía de la calidad de la información que la alimentase y -para ello- resultaban de utilidad las conclusiones obtenidas en la utilización de otras herramientas, tales como las cinco fuerzas de Porter, el PEST y la CV, las que contribuían a alimentar o validar sus variables.

En su utilización, otro elemento importante estaba representado en la jerarquización de tales variables, las que servirían -a los directivos- para enfocarse en aquellas que ayudaran a definir o mejorar su posición competitiva.

Una vez que el equipo gerencial -en consenso- priorizase la importancia de sus variables, la utilidad de la herramienta se hacía mucho más visible y efectiva. Así, rankear la posición competitiva en función de las principales variables del FODA ayudaría —también- en la distinción de aquellos activos tangibles e intangibles disponibles y los que debían ser adquiridos para mejorarla.

4.4 El aporte de la Matriz de Ansoff.

Esta matriz permitía explorar las posibilidades de crecimiento de la empresa en la arena del marketing. Su representación gráfica obligaba a que el analista evaluara las alternativas actuales y potenciales del mercado y -en función al nivel de segmentación realizado- se mostraran, asimismo, los probables resultados de atender distintos objetivos de marketing.

En relación a su alcance, la flexibilidad de la herramienta representaba su principal utilidad. Así, puede ser empleada —de igual modo- en diferentes niveles: unidad de negocio, clientes, zonas geográficas, segmentos de clientes, productos, marcas, entre otros.

Con el fin de corregir la naturaleza eminentemente cualitativa de la herramienta y su probable sesgo en función al grado de aversión al riesgo de la dirección, resultaba imprescindible la medición de los resultados de las acciones, conforme la ubicación de la línea de producto en cada cuadrante. A pesar que pueden aplicarse diferentes métricas como el beneficio neto, el margen de contribución y el EBIT, para los productos actuales en mercados conocidos se recomendaban utilizar métricas cuantitativas y externas (o sea, financieras, basadas en el flujo de efectivo descontado, tal el caso del valor actual neto, participación de mercado y ventas y utilidades). Sin embargo y para el caso de nuevos productos y mercados, las métricas deberían ser de tono cualitativo e internas, tales como grado de avance en el desarrollo de un producto y nuevas ideas pendientes, entre otras.

4.5 El aporte del análisis de la Cadena de Valor (CV).

La contribución fundamental de la herramienta puede describirse del siguiente modo:

- Describir, en orden lógico-secuencial de creación del producto o servicio, las actividades relevantes y el modo en que ellas se realizan.
- Comparar -en términos absolutos- los costos de dichas actividades y medir la eficiencia. Esta comparación se realiza en función de los recursos básicos empleados, tales como los activos y equipos de planta,

y el capital de trabajo utilizado.

- Determinar aquellas actividades que pueden aumentar el valor en la percepción de los clientes o consumidores finales y que estén relacionadas con los términos en que pretenda ser planteado el modo de competir en el mercado: costo o diferenciación.

- Relacionar los costos de las actividades con los principales factores económicos que puedan identificarse a lo largo de la CV, determinando el grado de control que se tiene sobre ellos o esbozando formas de incrementarlo.

- Identificar los vínculos entre las sub-actividades y actividades a los fines de lograr ventajas de coordinación y -por ende- eficiencia. Dichos vínculos pueden hallarse entre actividades directas o actividades indirectas que apoyen a las primeras. Similarmente, las ventajas de coordinación pueden alcanzarse con el apoyo de los proveedores en función del poder y habilidades de negociación que pueda ser empleado con ellos.

- Alcanzar la optimización de actividades mediante su conjugación o supresión, en conformidad con la estrategia genérica que se persiga, producto del análisis a nivel intra e inter-firma.

Si bien el potencial de aporte del análisis de la CV en una Pyme -a través de la composición de sus actividades discretas- resulta enorme, esta herramienta muestra algunas dificultades prácticas al ser aplicada. Se ha descripto en el Marco Investigativo que -si bien algunas Pymes en Quito aplican el análisis de la CV- su limitación se debía a algunos factores tales como la falta de conocimiento, los deficientes sistemas de información y la confianza excesiva en la intuición de la dirección. Además, las firmas que -según la muestra- utilizaron la herramienta pudieron hacerlo sólo a nivel elemental y -por tanto- se ha explotado solamente la primera de las ventajas enumeradas (descripción secuencial del producto y/o servicio).

4.6 El aporte del Mapeo del Sistema de Actividades (MSA).

La herramienta se encuentra enfocada en la congruencia que existe en las actividades internas de la empresa con su estrategia por lo que su elaboración se encuentra completamente al alcance de cualquier Pyme. Los insumos principales se basan en la determinación de las competencias básicas de la firma, la identificación de opciones estratégicas y las actividades conexas que las soportan.

La empresa puede validar la efectividad de las competencias básicas actuales con aquellas sugeridas por el análisis FODA y determinar la presencia o ausencia de aquellas que favorezcan su posición competitiva. Mientras los activos estratégicos de la organización presenten mayor singularidad, el

MSA mostraría mayor sustentabilidad y estabilidad en su estructura.

En sus niveles más elementales de aplicación, la herramienta estaría al alcance de todas las Pymes, por cuanto permitiría visualizar -en forma simple y estática- el grado de consistencia y reforzamiento entre sus actividades.

4.7 Conclusiones generales

Como corolario del estudio realizado, se presentan las siguientes ideas finales:

- Todas las herramientas propuestas muestran -en mayor o menor grado- su contribución a efectos de facilitar el delineamiento de opciones estratégicas. Cada una de ellas, sugiere una perspectiva diferente, ya sea desde el punto de vista del ambiente en que se desarrolla la empresa o de sus expectativas de crecimiento en el mercado.

- La riqueza en el aporte de perspectivas contribuye -no sólo a que las conclusiones que se puedan obtener de ellas se complementen- sino también, que las variables y supuestos relevantes utilizados se validen, ayudando -de esta manera- a reconocer los beneficios y sacrificios implícitos en cada alternativa. Así, por ejemplo, el análisis de la CV y el MSA pueden revelar la capacidad de la empresa para conquistar nuevos mercados en términos de su configuración de competencias básicas y actividades principales. Herramientas de análisis externo -como las fuerzas competitivas y PEST- ayudarían a evaluar su factibilidad y lograr superioridad competitiva. De este modo, el beneficio de obtener mayores volúmenes de ingresos -al cubrir determinado segmento- podría justificar el sacrificio de realizar cambios en su sistema de actividades.

- De acuerdo con la muestra analizada y las opiniones de directivos de distintas Cámaras, entre los factores que sugerirían explicaciones a la escasa utilización de herramientas de análisis estratégico por parte de los directivos de las Pyme de Quito, se destacaron:
  - o La excesiva confianza en la intuición.
  - o El bajo nivel de escolaridad.
  - o La falta de atención a oportunidades, mientras su beneficio no sea latente.
  - o La tendencia a guardar absoluta confidencialidad sobre decisiones de relevancia en la empresa.

- A los efectos de aplicar las herramientas resultaba necesario que las Pymes de Quito, mejorasen sus habilidades de investigación y manejo de información. Se ha puntualizado que sus sistemas de información – normalmente- no apoyaban la tarea de análisis estratégico y -por tanto-

se hacía necesaria la comunicación y participación de las áreas funcionales en la formulación de los objetivos estratégicos.

- La aplicación de las herramientas y su interrelación no resultaban suficientes en la etapa de formulación de estrategia. Además del manejo de la información, la utilización de herramientas auxiliares devenía -a su vez- fundamental. Así -por ejemplo- se pueden mencionar otras como el análisis de escenarios y las aplicaciones financieras de flujo de efectivo descontado.

- A pesar que todas las herramientas de análisis del ambiente externo y las de evaluación de la CV y MSA -en el ambiente interno- brindaban la oportunidad de evaluar la posición competitiva -mediante el benchmarking con sus pares- las Pymes de Quito se limitaban a averiguar ciertas acciones marginales como promociones y cambios organizacionales. El acceso a la información que podrían aportar fuentes como clientes y proveedores, permitiría crear verdaderos sistemas de inteligencia de monitoreo competitivo.

En modo seguido y como resultado del análisis efectuado, se exponen las conclusiones sobre la aplicabilidad de las herramientas de análisis estratégico propuestas en las Pyme de Quito:

4.8 Aplicaciones de las cinco fuerzas de Porter.

Las Pymes podrían aprovechar la utilización de la herramienta en tres dimensiones:

a) *Identificar los factores preponderantes que afecten a su sector para alcanzar rentabilidad.* A los fines de lograr este cometido, se sugiere calificar los sub-factores en una escala de uno a cuatro como lo establece Boian. A continuación, obtener un coeficiente en base a la importancia de cada factor, indicando el signo positivo o negativo con el objeto de reconocer aquellos que refuercen o debiliten la posición competitiva. La suma algebraica de los valores obtenidos en cada factor facilitaría el reconocimiento de aquellos más relevantes. La calificación de la intensidad de cada factor puede ser alto, medio o bajo.

b) *Evaluación de la posición competitiva.* En este caso, se indica que -una vez determinados los dos factores más relevantes- resulta conveniente ejecutar un ejercicio de calificación en comparación con los competidores cercanos a la empresa. A los efectos de realizar este benchmark, se hace imperiosa la utilización de herramientas complementarias, tales como el análisis de la competencia, tarea para la que —en la actualidad- se disponen de múltiples fuentes como Internet, documentación publicada en medios masivos, el aporte de participantes en el sistema de valor como proveedores y clientes comunes, entre otros.

c) Evaluación de opciones estratégicas. El objetivo final se orienta a aprovechar las ventajas y enfrentar las vulnerabilidades, para lo que debería considerarse que la selección de opciones está supeditada a una restricción presupuestaria. Entonces, seleccionar las mejores opciones implicaría aplicar un enfoque clásico económico de análisis marginal, identificando beneficios y costos adicionales de implementar la acción, incluyendo el costo de oportunidad que implique cada alternativa. La simplicidad de su aplicación en comparación con otras herramientas más sofisticadas, tales como los árboles de decisión, puede ser de gran utilidad para la Pyme.

4.9 Aplicaciones del Análisis PEST.

A pesar que existen múltiples fuentes de información de acceso a las variables políticas y legales que pueden ser factores importantes en sus decisiones, los directivos de las Pyme han mostrado –muchas veces- una cierta dificultad en asimilar las circunstancias del entorno.

Con el objeto de facilitar el reconocimiento de tales variables, deviene necesario el apoyo del equipo directivo e incluso el de consultores legales. En ocasiones, los argumentos incluidos en nuevas legislaciones pueden incluir probables costos escondidos, así como oportunidades de reforzar la posición competitiva o limitaciones en alcanzarla.

En cuanto a la utilización de variables económicas, las publicaciones realizadas por las instituciones del Estado a nivel sectorial -especialmente en relación a índices y tendencias- pueden ser de enorme utilidad para las Pymes. En el caso Ecuatoriano, culturalmente existía cierta aversión a realizar investigación de variables y su correlación con el desempeño del sector, ocasionando que -en tantos casos- se desperdiciara esta fuente preciada de información. Estas mismas fuentes eran las que proporcionaban información sobre variables socio-demográficas que facilitaban el establecimiento de parámetros para que la Pyme profundizara el análisis de segmentación o micro-segmentación en su probable conquista de nuevos mercados o descubrimiento de nichos.

El avance y adopción de tecnología -tanto por parte de las Pymes como de sus clientes- representaba un factor clave por su impacto en el modo en que las empresas diseñaban sus actividades.

Sin embargo, devenía igualmente importante la explotación de la herramienta en forma dinámica. Para ello, era necesaria la incorporación de escenarios que mostrasen los probables efectos de las variables y tendencias. Su integración se mostró válida no solo para corregir la naturaleza estática de otras herramientas, sino –también- para verificar el grado de congruencia entre el ambiente externo y la configuración interna de actividades.

A pesar que su utilización podía implicar cierto nivel de complejidad para una Pyme, se volvía preponderante a los fines de cubrir el alto nivel de incertidumbre existente en el ambiente externo. Además, su atributo de poder calificar la relevancia de las variables -en función a su probable impacto- la volvía ideal para identificar riesgos y amenazas a futuro.

4.10 Aplicaciones del Análisis FODA.

Las empresas Pyme pueden aplicar esta herramienta en dos campos, a saber:

a) *La medición de la competitividad en relación con sus pares en su mismo sector.* Para alcanzar este objetivo y una vez que las variables han sido validadas, priorizadas y consensuadas, pueden ser puntuadas –tal lo sugerido por Thompson– en términos de competitividad, en una escala de 1 a 10. Al realizar este ejercicio con sus principales pares, se puede obtener -como conclusión- la enumeración de áreas o recursos que dispone la empresa para enfrentar las amenazas y aprovechar sus oportunidades. En el caso de las Pymes de Quito, su respectiva Cámara podría ayudarla a identificar -en forma agregada y mediante la aplicación de técnicas de investigación probadas- las principales variables del entorno, y las oportunidades y amenazas a nivel sectorial. Sin embargo y tal lo mencionado en la sección 4.4 del presente Marco Investigativo, deviene necesario el cambio de idiosincrasia individualista por parte de los ejecutivos de las Pymes de Quito para que -la mencionada Cámara- los ayude en este cometido. De lograrlo algún sector, seguramente estaría en mejor posición para tomar ventaja de las oportunidades y cubrirse de sus amenazas.

b) *Identificación de activos que puedan convertirse en opciones estratégicas.* A los fines de lograr este objetivo, resulta fundamental la habilidad y creatividad del equipo gerencial. Definidos estos activos, la empresa podría analizar –de existir o no, en su interior- un mayor grado de planeamiento y control sobre los mismos.

4.11 Aplicaciones de la Matriz de Ansoff.

A pesar de la utilidad de la herramienta y los beneficios de aplicarla, ninguna de las empresas de la muestra la ha utilizado en su proceso de formulación de la estrategia.

Es dable considerar que esta matriz puede ser de mayor utilidad en aquellas empresas donde sus productos se encuentran en etapa de madurez o declinación en su ciclo de vida.

Asimismo y además de esbozar acciones genéricas a los efectos de preservar, desarrollar o conquistar mercados, deviene imprescindible el desarrollo de alternativas, no sólo sobre actividades de marketing y ventas, sino también, sobre nuevos canales de distribución, adquisición de tecnología y alianzas con nuevos proveedores o complementadores, en general.

Tal como se ha puntualizado precedentemente y con el objeto de calcular el valor de contribución de los productos existentes en mercados conocidos, resultaría fundamental encarar mediciones cuantitativas, financieras y orientadas a lo externo (ejemplo: flujo de efectivo descontado). Si los productos o mercados fueran nuevos, las mismas se referirán a lo cualitativo e interno.

4.12 Aplicaciones de la Cadena de Valor (CV).

Se ha verificado que las Pymes mostraban dificultad en el aprovechamiento las ventajas de la herramienta, las que se han planteado en el apartado 4.5. Esto se ha puntualizado no sólo por su carencia de recursos, sino también, por las limitaciones del aporte teórico en términos de formulación, proceso, y metodología.

A su vez, el análisis competitivo -mediante el establecimiento de benchmarks de eficiencia en utilización de recursos- muestra la capacidad de revelar poderosas fuentes de ventaja competitiva propias y de la competencia. Sin embargo y de acuerdo con lo manifestado en el Marco Investigativo, las Pymes no destinaban recursos con el objeto de crear sistemas de información que facilitaran su aplicación, ni tampoco realizaban esfuerzos para obtener este tipo de información.

En relación con el análisis de actividades que creen valor en la percepción de sus clientes, las Pyme perdían la utilidad que brindaba la herramienta cuando -a pesar de enlistar la composición de sus actividades- no realizaban esfuerzos por medir la contribución de la voluntad de pago de sus clientes. A pesar de contar con la oportunidad de hacerlo cuando se aplicaban encuestas, éstas se enfocaban en medir la satisfacción del cliente, la calidad del producto o el nivel de servicio.

Al momento de evaluar la posición competitiva -mediante las actividades de la competencia- el interés se centraba en indagar sobre actividades específicas de promociones y organización de los recursos, tales como la fuerza de ventas. Esta forma de analizar la competencia se encontraba muy lejos de crear sistemas de inteligencia que -en forma sistemática- identificaran -en conjunto- el modo en que desarrollaba sus actividades la competencia.

Con el fin de alcanzar la identificación de ventajas competitivas de orden superior -como las de mejor coordinación u optimización- se considera necesario -además de identificar las relaciones lógicas de los vínculos entre las actividades- definir los indicadores apropiados que midan el beneficio neto y aplicar análisis de escenarios en los que se muestren los posibles resultados de realizar cambios en la configuración de actividades.

Al tratar con variables relativamente controlables por la empresa, el nivel de incertidumbre resulta bajo y -por tanto- la introducción de probabilidades no sería indispensable. Sin embargo, considerando que se trata de optimizar una combinación, supresión o recombinación de elementos, devendría fundamental la exploración del beneficio de los escenarios, su análisis característico de causa-efecto, y la utilización de un número razonablemente suficiente de iteraciones hasta alcanzar dicha optimización.

4.13 Aplicaciones del Mapeo del Sistema de Actividades (MSA).

La aplicabilidad de la herramienta se hace más evidente cuando la empresa ya ha adoptado un modelo formal y ha podido determinar aquellos activos estratégicos que fortalecen su posición competitiva. La evaluación de la complementariedad y contraposición de actividades en su sistema representa una bondad de la herramienta que -aunque aparentemente elemental- cuenta con gran incidencia en la capacidad de la firma a efectos de ser rentable y —además- mostrar superioridad competitiva. Así por ejemplo, en el análisis pueden identificarse elementos que -aún siendo significativos en costo- muestran poca conexión o vinculación con otras actividades o competencias básicas. De no mostrar complementariedad, probablemente serían inversiones no justificadas.

La ausencia de consistencia o reforzamiento permitiría mostrar -a la firma- la necesidad de eliminar ciertas actividades, mejorar sub-actividades de reforzamiento o agregar nuevas que apoyen sus opciones estratégicas, según los caminos sugeridos por Siggelkow. Sin embargo, deviene sustantivo concientizar que la factibilidad de introducir cambios en el sistema estará supeditada a restricciones presupuestarias, a la capacidad de acceso a tecnología y al nivel de creatividad del equipo gerencial.

En sentido más dinámico, la herramienta permitiría —también- evaluar la capacidad de la empresa a los fines de ajustar o reconfigurar sus actividades cuando en el ambiente externo se presenten cambios profundos, tal el caso de cambios en las tendencias de consumo.

A su vez —probablemente- el reemplazo de competencias básicas traería cambios en actividades, tanto básicas como periféricas. La adaptabilidad de la empresa a dichos cambios podría definir su capacidad de supervivencia.

Por otro lado y en ambientes muy volátiles, la reconfiguración de actividades implicaría la utilización de recursos que no se encontraran al alcance de la empresa. Sin embargo, la flexibilidad característica de las Pyme podría ponerla en mejor posición para reconfigurar -con mayor facilidad- su sistema de actividades en comparación con una corporación.

A los fines de explotar una ventaja de orden superior como la de optimización, la identificación de aquellas que duplican esfuerzos ayuda en su nivel más elemental. Sin embargo y con el objeto de explotarla en su totalidad, resulta necesario un ejercicio de simulación en el que se muestren los diferentes resultados de introducir cambios en la configuración. En este caso, el análisis marginal -aplicable en otras herramientas- no sería conveniente debido a que no se considera el efecto aislado del cambio, sino el impacto en todo el sistema. Es por ello, que –en estos casos- sería recomendable utilizar métricas financieras como por ejemplo el cambio total en EBIT. A mayor necesidad de cambios en la configuración, mayor será la complejidad de alcanzar la optimización, por cuanto se requerirá un mayor número de iteraciones en los diversos escenarios combinatorios.

Como un modo de resumir los aportes y aplicaciones de las herramientas sugeridas, se presentan a continuación los siguientes cuadros:

Cuadro 20: Aportes y Aplicaciones – Cinco fuerzas de Porter.

Aportes
-Analizar el potencial de rentabilidad del sector.
-Esbozar estrategias genéricas.
-Evaluar la capacidad de aprovechar ventajas competitivas.

-Evaluar la factibilidad de tomar opciones estratégicas.

Aplicaciones
-Identificar los factores relevantes en el sector que permitan alcanzar la rentabilidad y los que la limitan.
-Aplicar metodología para evaluar su posición competitiva en relación con sus competidores.

-Utilizar herramientas auxiliares con el objeto de evaluar opciones estratégicas para aprovechar las ventajas y enfrentar las vulnerabilidades.

Cuadro 21: Aportes y Aplicaciones – Análisis PEST.

Aportes
-Identificar oportunidades y restricciones para esgrimir opciones estratégicas en el sector industrial.

Aplicaciones
-Evaluar las variables políticas y legales para identificar oportunidades, costos y restricciones en el sector a efectos de adoptar opciones estratégicas.
-Analizar la correlación entre las variables económicas y el desempeño de las empresas del sector.
-Utilizar las variables socio-demográficas para profundizar el análisis de segmentación o micro-segmentación.

-Analizar el impacto de la tecnología en su cadena y sistema de valor.

Cuadro 22: Aportes y Aplicaciones – Análisis FODA.

Aportes
-Medir la competitividad de la firma en su relación con sus competidores.
-Identificar los activos tangibles e intangibles a efectos de mejorar la posición competitiva.

Aplicaciones
-Aplicar metodología en la medición de la competitividad de la empresa en relación con sus competidores.

Cuadro 23: Aportes y Aplicaciones – Matriz de Ansoff.

Aportes
-Explora las posibilidades de crecimiento en función al potencial del mercado actual y futuro.
-Muestra flexibilidad para atender distintos niveles de segmentación y de unidad de negocio.

Aplicaciones
-Esbozar acciones genéricas para preservar, desarrollar o conquistar mercados.

Cuadro 24: Aportes y Aplicaciones – Cadena de Valor (CV).

Aportes
-Describir secuencialmente las actividades relevantes y el modo de ejecutarlas.
-Medir la eficiencia en la ejecución de actividades.
-Determinar las actividades que puedan aumentar valor en la percepción de los clientes.
-Relacionar los costos de las actividades con sus principales factores económicos.
-Identificar los vínculos entre las actividades a efectos de lograr ventajas de coordinación.
-Optimizar las actividades mediante su creación, conjugación o supresión.

Aplicaciones
-Establecer benchmarks de eficiencia en la utilización de recursos en relación con la competencia.
-Optimizar la ejecución de actividades mediante la aplicación de escenarios que muestren los resultados de nuevas combinaciones o supresión de ellas.

Cuadro 25: Aportes y Aplicaciones – Mapeo del sistema de actividades (MSA).

Aportes
-Evaluar el grado de consistencia y reforzamiento entre sus actividades para alcanzar la estrategia de la empresa.
-Conectar las competencias básicas de la firma con las actividades que la soportan y las opciones estratégicas tomadas

Aplicaciones
-Evaluar la complementariedad y contraposición de sus actividades.
-Evaluar la necesidad de eliminar, reforzar o crear nuevas competencias y actividades.
-Evaluar la capacidad de la empresa para responder a cambios significativos en el ambiente externo.
-Optimizar el sistema de actividades mediante la simulación de su reconfiguración y sus efectos.

A modo de síntesis adicional, en el siguiente cuadro se propone una secuencia posible a efectos de utilizar las mencionadas herramientas y los objetivos que cada una de ellas se propone:

Cuadro 26: Herramientas: Secuencia propuesta.

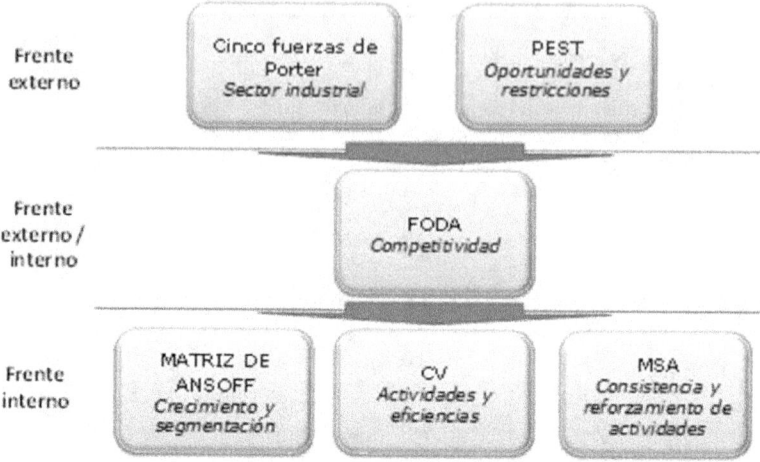

4.14 Aportes para futuras investigaciones.

A partir del estudio realizado, se abre un espacio de amplitud de temática en nuevas líneas de investigación, conforme se describe a continuación:

- A nivel macro, un análisis sectorial de las Pyme podría revelar las oportunidades de volverlas más competitiva en relación con otras regiones y países. Esta investigación podría partir de la identificación de firmas multinacionales relacionadas con las Pyme, teniendo como objetivos la generación de ventajas competitivas a nivel internacional y descubrir alternativas válidas para mejorar su poder de negociación.

- Continuando en el mismo nivel sectorial, la Pyme puede usufructuar de la utilización del PEST a los fines de identificar los riesgos y probables mecanismos de cobertura, así como las oportunidades que brindan los cambios en la estructura social local y tecnológica a nivel global. Esta investigación podría ser liderada por su respectiva Cámara con el apoyo de instituciones de educación superior.

- Otra investigación -que podría realizarse a nivel sectorial- incluiría la aplicación de la Matriz de Ansoff y las respuestas que dan las Pymes en cada sector en relación a estrategias de penetración, diversificación u otras de mayor eficacia. Dado el alcance de la investigación, el período de observación debería cubrir un espacio temporal de -al menos- tres años, tal lo realizado por Laszló en Hungría. La inclusión en la investigación del nivel de aversión al riesgo de los directores o su ausencia podría revelar el impacto de esta variable en las decisiones estratégicas en las Pyme de Quito.

- La debilidad de las Pyme en sus facultades para estructurar y sistematizar información podría abrir una línea de investigación en participación conjunta de la academia y el sector privado, y con el apoyo de alguna entidad de gobierno. El objetivo podría orientarse a crear determinado software que facilite la recolección, análisis e interpretación de información para fines de construir estrategia. En particular, el desarrollo de minería de datos que permitan identificar cambios en las preferencias del consumidor y sus tendencias en algún sector en particular podría ser el aporte en este campo del conocimiento.

- Similarmente y aprovechando la actitud positiva del gobierno a los fines de impulsar ciudades del conocimiento, podrían ser creados clusters de Pymes, en los que se favorezca el desarrollo y manejo del conocimiento, como el de nuevos productos y tecnología. Este enfoque permitiría mejorar la competitividad de muchos sectores y empresas, en particular y ayudar al gobierno en la tarea de evaluar la conveniencia de aplicar políticas como la energética y de desarrollo turístico.

- Los recientes avances en ingeniería matemática -al respecto de la creación de modelos que incluyen multi-objetivos a través de la aplicación de modelos de programación no lineal- conducen a un importante desafío para los investigadores que deseen realizar -a partir del análisis FODA- un diagnóstico estratégico y explorar las alternativas destinadas a la solución de problemas en algún sector en particular de las Pyme.

Se observa que esta investigación ha puesto énfasis en determinar la utilidad de las herramientas de análisis estratégico para el caso especial de las Pyme y ha propuesto —con un enfoque integrador- la utilización de metodologías que hacen más efectiva su implementación. De esta manera, el objetivo se orientó a validar las conclusiones expuestas y a facilitar la creación de nuevas opciones.

En forma complementaria, se han sugerido herramientas auxiliares que pueden acompañar a las principales en la mejora de su utilización. Por tal motivo, se entiende que la aplicación de las herramientas de análisis estratégico propuestas, facilitarían —a las Pyme de Quito y quizá a las de todo el mundo- la tarea de formular opciones estratégicas que les permitiera alcanzar posiciones competitivas mucho más sólidas y duraderas en mercados en los que la velocidad de adaptación al cambio se ha constituido en una ventaja competitiva más.

A modo conclusivo, analizar un contexto externo e interno de gran volatilidad, sin herramientas y con la sola asistencia de la intuición seguramente brindará muchas menos garantías sobre las decisiones tomadas. De nada servirán las conclusiones y medidas implementadas si no cuentan con razonamientos basados en elementos confiables y sistemáticos.

BIBLIOGRAFÍA

Arízaga, A. (2006) Ventajas de la dolarización. Disponible en: http://www.ieep.org.ec/index.php?option=com_content&task=view&id=252&Itemid=9. Recuperado el 31 de Agosto de 2013.

Arosemena, G. (2009) Debilidades de la gerencia ecuatoriana. Disponible en:http://works.bepress.com/cgi/viewcontent.cgi?article=1308&context=guillermo_arosemena.   Recuperado el 29 de Noviembre de 2013.

Ávila, A. (2008) Estudio de Competitividad año 2008. Deloitte & Touche. Disponible en:http://www.deloitte.com/assets/Dcom-Ecuador/Local%20Assets/Documents/ec_es-ec_Estudio%20de%20Competititvidad%20Ecuador_0608.pdf

BCE. Banco Central del Ecuador (2013). Boletín de Octubre 2013.Disponible en:http://www.bce.fin.ec/docs.php?path=/home1/estadisticas/bolmensual/IEMensual.jsp. Recuperado el 29 de Noviembre de 2013.

BCE. Banco Central del Ecuador (2013). Disponible en:http://www.bce.fin.ec/indicador.php?tbl=pib_per_capita-Recuperado el 29 de Noviembre de 2013.

Boian, N.(2007).Diagnostic of competitive position at small and medium size companies, International Conference on Economic Engineering and Manufacturing System, University of Brasov, Romania.

Bowman, C. (1990) The essence of Strategic Management (pp.32-40), London, Prentice Hall International.

Bowen, D. (1991). Services Marketing and Management (Pp.35-37), Los Angeles, University of Southern California

Collis, D. (1995). Competing on resources, Los Angeles, Harvard Business Review.

Dess, G. (2011). Dirección estratégica. Creando ventajas competitivas.(5a Ed.), Madrid, McGraw Hill.

Fields, G. (2009).Bottom line Management. Ithaca. New York, Springer

Fillion, J. (2011) Administración de Pymes. Emprender dirigir y desarrollar empresas, Primera Edición, México, Mc Graw Hill.

Gianos, F. (2013) A brief introduction to Ansoffian theory and the Optimal Strategic Performance- Positioning Matrix on Small Businesses, Journal of Management Research, 5 (2), 108-111.

Grant, R. (1997 Contemporary Strategy analysis (2da Ed.), Washington D.C., Georgetown University.

Gunter, L. (2011) Intervention Method for participatory strategy development and Implementation, A way to enhance strategic thinking and acting of SMEs, International Journal of Business and Management Studies, 1(3).

Hamel, G. y Prahalad, C. (1989).Strategic intent, Harvard Business review.

Hamel, G. (1996) Strategy as revolution, Harvard Business review, 1(1).

Hax, A. (1991) Strategic Management (2da Ed) (Pp.37-89), Los Ángeles: Prentice Hall.

Helms, M. (2010).Exploring SWOT Analysis-Where are we now? A review of academic research from last decade, Dalton State College

Hoang, P. (2011) Business & Management, (2a Ed.), Ibid Press.

Houben, G. (1999).A knowledge based SWOT-Analysis system as an instrument for strategic planning in small and medium size enterprises. Decisions support system, 26, 125 – 135.

Ioana, A. (2009) Analysis of Service quality Management in the materials industry using the BCG Matrix Method, University Polytechnic of Bucharest, Romania.

Isoherranen, V. (2012) Strategy Analysis frameworks for strategy orientation and focus, University of Oulu, Faculty of Technology, 27-33

Kaplan, R. (2004) Strategy, Maps: Converting intangible assets into tangible outcomes (2a Ed.) Boston: Harvard Publishing Corporation.

Kaplan, R. y Norton, D. (2008).Mastering the management system. Boston: Harvard Business School Press.

Kaplan, R. (2013) Portfolio Analysis. Disponible en:http://kfknowledgebank.kaplan.co.uk/KFKB/Wiki%20Pages/Portf olio%20analysis%20tools.aspx#Measurement_x0020_issues_0_1_0_2_0 _0_0_0_0_0_0_0_0_0_0_0Recuperado en: Septiembre 29, 2013

Kaplinsky, R. (2001) A handbook for value chain research, Disponible en: http://www.prism.uct.ac.za/papers/vchnov01.pdf. Recuperado en: Septiembre 30, 2013

Koontz, H. (1988) Management (9a Ed), New York, McGraw Hill.

Kormaris, G. (2010) A software analysis view of the software development industry, Department of information and computing sciences, Utretch University, The Netherlands.

Krauss, S. (2009).Strategic Management and entrepreneurship: Friends or foes? International of Business Science and applied Management, 4.

Lawrence, W. (2012) Competitive analysis in SME´s from Jamaica, The University of the West Indies.

Lasio, V (2013) Global entrepreneurship monitor. Ecuador 2012.

Laszló, S. (2008) The strategy formulation of the Hungarian SME Sector of the Ansoff Matrix, University of Pecs, Hungary, (pp.236-245).

Lee, K. (2007) Limitations of conventional strategy frameworks when applied to SME's, National University of Singapore.

Mc Donald, M. (1991).Strategic Marketing Planning, A state of the Art review. (10a Ed) Bedford, Cranfield.

McDougall, G. (1997). Microeconomics Policy Analysis, Industry Canada. Disponible en: http://www.ic.gc.ca/eic/site/eas-aes.nsf/eng/ra01578.htmlRecuperado en: 30 de septiembre de 2013.

McGee, J. (1986). Strategic groups: Theory, Research and Taxonomy, 2(7), (pp.141.160).

McKeough, K. (2013) Consulting firms are hiring as demand for services rises. Crains Chicago Business. Disponible en:

http://www.chicagobusiness.com/article/20130119/ISSUE02/301199995/consulting-Recuperado en: 30 de septiembre de 2013.

Ming, C. (1999) Strategic Management for SME´s in Malaysia, University of St. Clements.

Niven, P. (2003). Balance score card. Step by step (2a Ed) New York. John Wiley & sons.

O'Brien, F. (2007) Supporting Strategy, Methods, Frameworks and Models, New Jersey, John Wiley & sons.

Ormanidhi, C. (2008) Strategic Management. An insightful and convenient approach to Firm's Analysis, University of Toronto.

Porter, M. (1985) Competitive Advantage. Creating and sustaining superior performance. Ed. Pirámide (Grupo Anaya, S.A.), 2010

Porter, M. (1990) The competitive advantage of Nations. New York, The free press New York.

Porter, M. (2011) On Strategy. 10 Must read. Boston. Harvard Publishing Corporation.

Quiñonez, M. (2012) Estudio de la gestión competitiva de las pequeñas y medianas empresas (Pymes) comerciales en la provincia de Esmeraldas en Ecuador. Disponible en: http://www.eumed.net/cursecon/ecolat/ec/2012/Recuperado en: Agosto 31 de 2013.

Romero, I. (2009).Pymes y cadenas de valor globales. Implicaciones para la política industrial en economías en desarrollo, 24,57.(Pp.208-209)

Senge, P. (2000) Management for 21st century. (pp.135-136), Boston, Harvard Business Review.

Siggelkow, N. (2002) Evolution toward fit. University of Pennsylvania, (1) 1-36.

Stabell, C. (1998) Configuring value for competitive advantage: On chains, shops and networks, 19(1), 413-437.

Thompson, A. (2008) Administración estratégica. (pp.102-115). México, McGraw Hill.

Thompson, A. (2012). Crafting and executing Strategy. (18a Ed.) New York, McGraw Hill.

Ward, D. (2005) An overview of strategy development models and the Ward-Rivani models. European School of Economics. Milan.

Zavadskas, E. (2011) Selection of construction management strategy based on the SWOT and Multi-criteria analysis. Disponible en: http://www.acme.pwr.wroc.pl/repository/367/online.pdfRecuperado en: 30 de septiembre de 2013.

Zabala, V. (2012) Ranking de empresas Pymes en Ecuador, 20(4),35. Disponible:http://www.ekosnegocios.com/negocios/REV_paginaEdici on.aspx?edicion=223&idr=1#Recuperado el: 31 de agosto de 2013.

ANEXO 1

Formulario de encuesta a los CEO y ejecutivos de Pequeñas y Medianas empresas (Pymes).

ENCUESTA

Diego Álvarez Peralta
dalvarezperalta@hotmail.com

(No se requerirán más de 5 minutos a los efectos de completar esta encuesta. Desde ya agradecemos su tiempo).

Objetivos y marco en el que se realiza esta encuesta.
Esta encuesta se realiza dentro del marco de una investigación profesional a ser publicada en un libro en forma internacional. No cuenta con otro fin que el de estudiar y profundizar el estado del tema bajo revisión.

Aclaraciones.
La información contenida en esta encuesta será tratada bajo la mayor confidencialidad y su utilización será solamente profesional y académica.
En caso de no poder contestar alguna de las preguntas, se agradece que sea completado el resto del formulario para permitir continuar con la investigación.

Pequeñas y medianas empresas (Pymes) – Definición y Alcances-
Considerando que el Área Andina -como bloque- no ha definido en consenso lo que se entiende por una Pyme, será tomada la definición del Mercosur, del cual Ecuador cuenta con la categoría de Estado asociado.
En esta región se consideran las variables de número de empleados y monto de ventas para definirla, como se muestra en el siguiente cuadro:

Entender las Pymes.

Tipo de empresa	Número de empleados	Monto de ventas anuales en US$ (en miles)
Pequeña Empresa	Hasta 100	2,000
Mediana Empresa	Hasta 300	10,000

Las Pymes cuentan con muchos elementos comunes a otro tipo de empresas tales como que participan en todos los segmentos de la economía y se orientan a la rentabilidad con proyectos con diverso nivel de riesgo.

Principales diferencias entre las Pymes y las grandes empresas.
Algunas de las características que se destacan en las Pymes de todo el mundo y, en Ecuador también, incluyen:

- Tienen menor participación de mercado.
- Necesidad de mayores niveles de inversión, principalmente en las áreas de tecnología e innovación.
- No tienen mayores facilidades de acceso al crédito directo.
- Muestran mayor flexibilidad para adaptarse a eventualidades en el ambiente externo.
- La mayoría de Pymes son empresas familiares y -por tanto- la visión y el compromiso afectivo de sus gestores resulta un elemento fundamental para el negocio.
- Cuentan con cierta dificultad en el acceso a canales de comunicación efectivos a efectos de estar en contacto con los consumidores finales.

CUESTIONARIO

- Nombre de la empresa:

- Sector Industrial:

- Facturación año anterior (2012) (en MM US$):

   ✓ Ecuador: _____
   ✓ Región (indicar países) _____
   ✓ Total Corporación _____

- Cantidad de empleados a la fecha:

   ✓ Ecuador: _____
   ✓ Región (indicar países) _____
   ✓ Total Corporación _____

- Nombre del Director/Gerente participante y posición:

- Fecha en que se completa esta encuesta:

---

1. ¿Considera que el análisis estratégico puede reforzar la posición competitiva de su empresa?

    a. SI _____   b. NO _____

2. ¿Realizan en su empresa análisis estratégico?

    a. SI _____   b. NO _____

3. Si no lo realizan, ¿puede indicar los 3 principales motivos?

        Motivo 1 _____
        Motivo 2 _____
        Motivo 3 _____
        Si su respuesta es "No", puede ir directamente a responder la pregunta 10 y luego, de la 14 en adelante.

4. Si lo realizan, indique qué funciones de su empresa realizan el análisis estratégico   (indique lo que corresponda)

        _____ Gerencia General
        _____ Finanzas
        _____ Ventas
        _____ Marketing
        _____ Producción
        _____ Otra/s (Indique)_____

5. Indique la frecuencia con que formulan la estrategia y la revisan:

        _____ Dos veces al año o más
        _____ Una vez cada año
        _____ Una vez cada dos años
        _____ Una vez cada tres años
        _____ Otro (Indique) _____

6. Respecto a los aspectos externos que influyen en su empresa, ¿Podría enumerar los dos más importantes que cree tienen mayor incidencia?

_____ Políticos
_____ Económicos
_____ Sociales
_____ Tecnológicos
_____ Otros (Indique) _____

7. ¿Utiliza su empresa alguno(s) de los siguientes recurso(s)para evaluar las acciones de la competencia:

_____ Conexiones con clientes
_____ Conexiones con proveedores
_____ Fuerza de ventas
_____ Consultorías de investigación
_____ Personal que trabajó anteriormente para la
competencia
_____ Otros (Indique) _____

8. Indique la(s) herramienta(s) o metodología(s) de análisis estratégico empleadas para la formulación de estrategias

_____ Análisis de las fuerzas competitivas de Porter
_____ P E S T (Variables políticas, económicas, Sociales, tecnológicas)
_____ Análisis FODA(Fortalezas, Oportunidades, Debilidades, Amenazas)
_____ Matriz de crecimiento y participación de mercado
_____ Matriz de producto-mercado
_____ Análisis de la cadena de valor
_____ Otras (Indique) _____

9. Si su empresa utiliza más de una herramienta, podría mencionar el orden en que se ejecutan:

_____ Análisis de las fuerzas competitivas de Porter
_____ P E S T
_____ Análisis FODA
_____ Matriz de crecimiento y participación de mercado
_____ Matriz de producto-mercado
_____ Análisis de la cadena de valor
_____ Otras (Indique) _____

10. ¿Cuáles son las áreas de excelencia en las que su empresa invierte y que sirven para mantener una posición competitiva en su mercado? Puede marcar más de una.

_____Tecnología
_____Marketing
_____Producción
_____Diseño
_____Otras (Indique) _____

11. ¿Utiliza su empresa un sistema de indicadores que brinden datos sobre su posición competitiva en el mercado?

a. SI _____   b. NO _____

12. Si la respuesta anterior fue "Sí" ¿Podría mencionar al menos 3 ejemplos de los indicadores utilizados?

a. _____

b. _____

c. _____

13. Si se implementó un proceso de formulación de estrategia en los últimos años, ¿En cuánto mejoró el indicador utilizado?

_____ Menos del 10%
_____ Entre un 10% y un 20%
_____ Entre un 20% y un 30%
_____ Entre un 30% y un 40%
_____ Más del 40%

14. ¿Ha utilizado su empresa alguna de las siguientes herramientas a efectos de aumentar la brecha entre el precio que están dispuestos a pagar sus clientes y sus costos de oportunidad?

_____Diferenciación en su producto
_____Aprovechamiento de economías de escala
_____Influencia en el poder de negociación de clientes
_____Influencia en el poder de negociación de proveedores
_____Reconfiguración de actividades
_____Énfasis en alguna área de excelencia en particular
(indicar cuál)
_____Otros (Indique) _____

15. En los últimos 3 años, ¿ha creado su empresa cambios radicales o ha introducido mejoras incrementales en? (marque lo que corresponda):

#	Cambios en	Cambios radicales (marcar una X)	Mejoras incrementales (marcar una X)
1	Habilidades / Capacidades		
2	Procesos		
3	Diseño del producto / servicio		
4	Actividades de marketing		
5	Tecnología		
6	Otros (indicar debajo de este cuadro)		

16. ¿Si ha marcado cambios radicales, cuán positivo fue el impacto de realizar estos cambios en sus indicadores utilizados?

    a. Menos del 10%
       b. Entre un 10% y un 20%
       c. Entre un 20% y un 30%
       d. Entre un 30% y un 40%
       e. Más del 40%

17. ¿Si ha marcado mejoras incrementales, cuán positivo fue el impacto de realizar estos cambios en sus indicadores utilizados?

    a. Menos del 10%
       b. Entre un 10% y un 20%
       c. Entre un 20% y un 30%
       d. Entre un 30% y un 40%
       e. Más del 40%

18. Si su organización no ha realizado estas mejoras ¿podría indicar alguna circunstancia o razones para no hacerlo?

19. Comentarios finales tanto si su organización utiliza o no herramientas de análisis estratégico. Opinión personal sobre la contribución de dichas herramientas a la generación de opciones estratégicas y el mejoramiento de la posición competitiva.

ANEXO 2
Control de la encuesta a las empresas.
Nota: La encuesta fue enviada a partir de Octubre de 2013 y reclamada varias veces a las empresas.

ANEXO 2-A.

Empresa	Origen	Actuación	Sector	Respuesta
Office solutions	ECU	NAC	Comercio detalle	SI
Produsiembal	ECU	NAC	Agro	NO
Samisa	ECU	INT	Transporte	NO
Difare	ECU	NAC	Comercio	NO
Agronatura S.A.	ECU	NAC	Agro	NO
Agrícola San Andrés	ECU	NAC	Agro	NO
Agriful C. Ltda.	ECU	NAC	Agro	SI
Agrirose	ECU	NAC	Agro	SI
Bellaro S.A.	ECU	NAC	Agro	NO
Florifut S.A.	ECU	INT	Agro	NO
Rosas de la Montaña	ECU	INT	Agro	SI
Idytes	ECU	NAC	Salud	SÍ
Impromex	ECU	NAC	Comercio	SÍ
Zafapac S.A.	ECU	NAC	Alimentos y bebidas	NO
Alcristal S.A.	ECU	NAC	Construcción	SÍ
Evolux S.A.	ECU	NAC	Construcción	SÍ
Precal S.A.	ECU	NAC	Minería	NO
Comiexpress S.A.	ECU	NAC	Turismo	SÍ
Diarte	ECU	NAC	Mueblería	SI
Airprotek S.A.	ECU	NAC	Manufactura	SÍ
Almetal S.A.	ECU	NAC	Metalmecánica	SÍ
Plastimet S.A.	ECU	NAC	Manufactura	SÍ
Orenas	ECU	NAC	Minería	NO
Andipapel	ECU	NAC	Comercio	NO
Transmar Group	ECU	INT	Comercio	NO

ANEXO 2-B.

Empresa	Origen	Actuación	Sector	Respuesta
Traunamed	ECU	NAC	Comercio	NO
Mindcorp	ECU	NAC	Comercio	NO
Zapec S.A.	ECU	NAC	Comercio	NO
Medisalud	ECU	NAC	Salud	SI
Segutouring	ECU	NAC	Turismo	NO
Celamax	ECU	NAC	Comercio	NO
Brightcell	ECU	NAC	Comercio	NO
Rolf Wittmer	ECU	NAC	Turismo	NO
Banco Comercial Manabí	ECU	NAC	Financiero	NO
Sermens	ECU	NAC	Salud	SI
Indulentes	ECU	NAC	Óptica	SÍ
Ecuacable	ECU	NAC	Manufactura	SI
Pescaequipos	ECU	NAC	Comercio	NO
Servicios Técnicos Industriale	ECU	NAC	Construcción	SI
Aromcolor	ECU	NAC	Comercio	NO
Imtexcode	ECU	NAC	Comercio	NO
Lignoquim	ECU	NAC	Químico	NO
Solquim	ECU	NAC	Químico	NO
Inductrol S.A.	ECU	NAC	Manufactura	NO
Calacali C.Ltda	ECU	NAC	Comercio	NO
Andesvicola	ECU	NAC	Agropecuario	NO
Agroservicios Andinos	ECU	NAC	Agropecuario	NO
Viertina S.A.	ECU	NAC	Comercio	NO
Casa Kolping	ECU	NAC	Hotelería	SÍ
Generación Modular	ECU	NAC	Mueblería	SÍ
Importadora Soria	ECU	NAC	Comercio	SÍ
Jorge López & Asociados	ECU	NAC	Servicios Ingeniería	SÍ
Grupo Ideas	ECU	NAC	Consultoría Gerencial	SÍ
Torres Médicas	ECU	NAC	Servicios Hospitalarios	SÍ

ANEXO 2-C.

Empresa	Origen	Actuación	Sector	Respuesta
Sicsas	ECU	NAC	Consultoría	SÍ
Clínica Internacional	ECU	NAC	Servicios Hospitalarios	SÍ
Swanberg	USA	INT	Servicios petroleros	SÍ
ZAP	ECU	NAC	Calzado	SI
Magbor	ECU	NAC	Diseño de ropa	SÍ
Cimed	ECU	INT	Suministros médicos	SÍ

ANEXO 3
Guía de entrevistas a informantes-clave.

Detalle de los entrevistados
Los profesionales y especialistas entrevistados se muestran en el
siguiente cuadro:

Profesionales y especialistas entrevistados.

Nombre	Antecedentes / Posición	Fecha y lugar de la Entrevista	Modo de realización	Duración de entrevista
Roberto Sánchez	Profesor en la Universidad Católica de Quito. CEO en una firma consultora en Management.	Dic 4, 2013 Ecuador	Perso nal	2 horas
Christian Mendieta	Profesor en la Universidad de las Américas de Quito. Consultor independiente en estrategia y gestión del cambio.	Dic 17, 2013 Ecuador	Perso nal	2 horas
Christian Cisneros	Director de la Cámara de la Pequeña y mediana Empresa de Pichincha	Enero, 24 2014 Ecuador	Perso nal	1 hora

Entrevistas semi-estructuradas:

De acuerdo a los objetivos e hipótesis de la investigación, se muestran a
continuación las preguntas clave que guiaron estas entrevistas:

- ¿En su experiencia, cuáles son las herramientas de análisis estratégico
preferidas por los ejecutivos de las Pymes en Quito?

- ¿Considera que existen herramientas de análisis estratégico que puedan
ser aplicables exclusivamente a las Pymes, y en particular al caso
ecuatoriano?

- ¿Considera que el uso de herramientas de análisis estratégico pueden
mejorar los indicadores de posición competitiva?

- ¿Encuentra inconvenientes en la implementación de este tipo de
herramientas en las Pymes y, en especial, en Ecuador?

ABOUT THE AUTHORS

Diego H. Álvarez Peralta - dalvarezperalta@hotmail.com

♦ Senior Associate Consultant at GMCS Global Management Consulting Services (Ecuador)
♦ Experience in:
  - Financial manager, financial controller, auditor, consultant, risk control advisory.
  - Strategy formulation and budgets.
  - Implementing financial systems.
  - Assesing the development of projects.
  - Specialties: Implementing financial systems.
  - Policies and procedures creation and assesing.
  - Reporting and performance indicators creating.
  - Assesing the creation and following up the implementation of strategies.
  - Following up the compliance with polices and procedures.
  - Assesing the performance of the value chain and cost performance of plants.
  - Valuation of investments and stock

Leandro A. Viltard - lviltard@yahoo.com.ar

- Specialist in International Business Development and Corporate/Executive training. Experience in:
    - Diverse geographical markets: Latin America, US, Europe, China and India
    - Different industrial sectors: mass markets, retail, services and IT
    - Key business areas: Marketing, Sales, Administration and Finance, Planning, Control and General Management
    - Start-ups, Organizational change and Process improvement.
- PhD in Administration (Buenos Aires University, UBA), Bachelor in Business Administration (UBA), Accountant (UBA) and Post Graduate Program-Executive Development Program (North-western University, Kellogg, Illinois, USA)
- Professor (undergraduate and post graduate: National and International Universities. Subjects: International Business, Marketing, Corporate Strategy, Management, Business Innovation and CSR:
    - MBAs: Palermo University (Argentina), Universidad Nacional de la Pampa (Argentina), Universidad Nacional del Comahue (Argentina) and Universidad Argentina de la Empresa (UADE, Argentina).
    - Undergraduate Programs: Pontificia Universidad Católica Argentina (UCA, Papal Catholic University from Argentina). Universitá E-Campus, Visiting Professor (Italy) and Rouen Business School, Visiting Professor (France).
    - Thesis Director & Jury, and External Reviewer for different international Journals.
- Ex-President of Bertrand Russell Campus /University of Wales, Italy and Senior Executive in different international firms:

- US corporations: IBM, PepsiCo International y Silicon Graphics International
- Family businesses: Sagaz Enterprises Corp. (USA) y Gruppo CEPU (Italy).

- Author of:
  - *Books:*
    i. 2015 - Innovación Organizacional: Su comprensión, puesta en marcha como proceso y medición (Organizational Innovación: its Understanding, Implementation as a process and measurement). B. S. Lab, Avellino, Italy.
    ii. 2014 - Universidad Corporativa: Implementación, experiencias y las necesarias colaboraciones para que sea eficaz. (Corporate University, Volume 2: Implementation, experiences and the necessary collaborations required to be effective). B. S. Lab, Avellino, Italy.
    iii. 2013 - Universidad Corporativa: Origen, configuración del mercado de capacitación corporativa y beneficios de su creación (Corporate University: Origin, corporate training market setting and benefits of its creation). B.S. Lab, Avellino, Italy.
    iv. 2013 - Globalización: Entender el nuevo ámbito mundial y tomar decisiones (Globalisation: Understanding the new worldwide context y take decisions). B.S. Lab, Avellino, Italy.
    v. 2011 - Los No. 1 en Responsabilidad Social Sustentable (The No 1 in Sustainable Social Responsibility), Kier-Management Publishing, Buenos Aires, Argentina.
    vi. 2000 - Compita y Gane (Compete and Win). About corporate strategy and business, Metas Publishing, Buenos Aires, Argentina. *Articles* in connection with his specialties.

- *Articles in connection with his specialties.*